ESCUELA DE COCINA ITALIANA

POSTRES

ESCUELA DE COCINA ITALIANA

POSTRES

LA COCINA DE LA CUCHARA DE PLATA

EL ARTE DE LA REPOSTERÍA

El auge de la repostería en los últimos años no es ninguna sorpresa. Para algunos es una excelente forma creativa de experimentar; para otros, una afición ancestral que inspira nostalgia. Hornear es uno de esos raros oficios que se suelen realizar con otras personas y nos permiten ser generosos y alimentar las relaciones con amigos y familiares.

Cuando se trata de elegir qué preparar, estos nuevos artesanos suelen recurrir a las recetas más queridas por todos: tartas clásicas, pasteles de temporada y galletas tradicionales. El horno se utiliza para explorar la imaginación. Las manzanas, los frutos del bosque, la crema inglesa o el chocolate son solo algunos de los irresistibles ingredientes convertidos en protagonistas de las tartas, pasteles y strudels que niños y adultos disfrutamos con igual emoción.

Escuela de cocina italiana. Postres ofrece 75 recetas perfectas para cualquier ocasión. El libro, pensado para principiantes, explica todo lo que se necesita saber para preparar galletas, pasteles y tartas. Primero, siga paso a paso las recetas básicas y, cuando las domine, pase a las recetas de repostería, desde las Galletas amaretti (véase pág. 20) hasta el Roscón de moca con ron (véase pág. 96), un escaparate de técnicas y combinaciones de sabores que se convertirán en todo un desafío. Cuando haya terminado el libro, será un auténtico experto en el arte de la repostería.

Encontrará, además, un capítulo de conceptos básicos sobre ingredientes, utensilios de cocina y trucos culinarios esenciales con los que el éxito está asegurado. Desde las Galletas sicilianas de almendra (véase pág. 44) hasta el Strudel de ricota y cerezas (véase pág. 155) y la Tarta de pistacho y chocolate (véase pág. 167), *Escuela de cocina italiana. Postres* ofrece una deliciosa variedad de postres clásicos y contemporáneos.

LOS POSTRES

GALLETAS

Las galletas eran trozos de pan que se cocían dos veces. En la Edad Media se endulzaban con miel y eran muy populares; en la actualidad, son el *snack* favorito en todo el mundo. Muchas de las recetas de este libro son especialidades regionales: *canestrelli* (Liguria y el Piamonte), *cantuccini* (Prato, en la Toscana) y *baci di dama* (Tortona, en el Piamonte).

PASTELES

El libro presenta una amplia gama de pasteles y roscones. La receta clásica consta de cinco ingredientes (harina, huevos, azúcar, mantequilla y algún agente leudante) a los que se añaden otros que aportan sabor y/o color. Aquí encontrará desde un sencillo Roscón de limón (véase pág. 80) hasta un Roscón marmolado (véase pág. 87).

TARTAS

Una tarta se puede definir como una base que contiene un relleno dulce o salado. Normalmente, la base es de pastaflora, y el relleno suele llevar fruta o crema inglesa. Las tartaletas, como las Tartaletas de limón y kiwi (véase pág. 108), son tartas en miniatura que se pueden preparar con moldes más pequeños.

MASAS RELLENAS

Entre las masas rellenas encontramos los strudels y las tartas con un enrejado decorativo (véase la Tarta de cerezas, pág. 151) o una costra sólida (véase la *Spongata* de Pontremoli, pág. 172) en la superficie. En el último caso es importante sellar bien los bordes y pinchar la cobertura para que el vapor pueda salir durante la cocción. Aunque el strudel se suele asociar con países como Austria y Alemania, es un postre típico del Alto Adigio, en el norte de Italia. El strudel surgió en la Edad Media como una variante de una mezcla dulce de fruta deshidratada, frutos secos, pan y licor. La versión italiana se suele preparar con un hojaldre muy fino relleno de fruta.

INGREDIENTES

HARINA

La harina es la base de la repostería, desde las galletas hasta las tartas y pasteles. La más utilizada es la harina blanca de trigo. La harina integral tiene una textura densa y se suele utilizar menos. En algunas recetas se le añade a la harina algún agente leudante para que la masa suba.

AGENTES LEUDANTES

El bicarbonato de sodio, que se activa en presencia de un ácido y de humedad, tiene un sabor fuerte y es preferible utilizarlo con moderación. La levadura está compuesta por bicarbonato y crémor tártaro, un ácido que ayuda a liberar el dióxido de carbono del bicarbonato y a airear la masa con la humedad. Los agentes leudantes hay que tamizarlos con los otros ingredientes secos para que queden repartidos de manera uniforme. Para que la masa quede más suave se puede añadir una pizca de bicarbonato o de levadura.

MANTEQUILLA

La mantequilla es un ingrediente esencial en repostería, porque aporta un sabor intenso y característico. La mantequilla se bate con el azúcar para incorporar aire a la mezcla y obtener una masa ligera y esponjosa.

AZÚCAR

El azúcar extrafino, que se disuelve rápidamente, es ideal para la repostería. (Si no dispone de azúcar extrafino, triture azúcar blanco granulado en un robot de cocina 30 segundos.) El azúcar glas es perfecto para los glaseados y coberturas, o simplemente para espolvorear. También resulta útil tener distintos tipos de azúcar moreno, que enriquecen pasteles de frutas de sabores intensos.

VAINILLA

En cuanto al extracto de vainilla, es mejor adquirir el producto genuino, que procede de las vainas de vainilla y ofrece un sabor muy superior a la esencia de vainilla.

HUEVOS

Los huevos proporcionan humedad y permiten obtener masas esponjosas y cohesionadas. Si pinta con huevo batido el contorno de las tartas, las tiras decorativas de masa y las galletas, obtendrá un glaseado brillante.

PASTAFLORA

Antes de pensar en el relleno, hay que pensar en la masa, en concreto la pastaflora, que presenta muchas variantes. Cuando las tartas llevan un relleno húmedo (de fruta o crema de chocolate, por ejemplo), es recomendable hornear la base en blanco para evitar que se reblandezca al añadir el relleno. Para ello, extienda la masa con el rodillo, pásela a una bandeja de horno o a un molde para tarta, pínchela con un tenedor, cúbrala con papel vegetal y esparza bolitas de cerámica por encima. Cueza la base en el horno precalentado a 180-200 °C unos 20 minutos, retire el papel y las bolitas y rellénela cuando esté fría.

Evite las mermeladas o jaleas demasiado líquidas, ya que humedecerán la pasta y la dejarán blanda. Extienda la mermelada sobre la base de la tarta, alísela de manera uniforme con una espátula y cúbrala con la masa o las tiras de masa en forma de cuadrícula de hornearla.

YOGUR, RICOTA Y MASCARPONE

Las tartas también se pueden rellenar con productos lácteos y otros ingredientes como fruta fresca o deshidratada, frutos secos, chocolate y mermelada.

CHOCOLATE

El chocolate es un clásico en repostería. Se puede añadir para aportar textura y sabor, o por puro capricho.

FRUTA FRESCA

Si utiliza fruta fresa, colóquela de manera decorativa sobre la capa de crema pastelera o mermelada. Para que la fruta esté más brillante, píntela con una capa de gelatina (hecha a base de hojas de gelatina o calentando mermelada con el zumo de media naranja, un poco de agua y gelatina en polvo) o gelatina derretida.

EQUIPAMIENTO

MOLDES PARA TARTAS

Los moldes que se utilizan en este libro suelen ser redondos, bajos (con los bordes lisos o acanalados) y con un diámetro de 24 a 25 cm. Aunque generalmente están hechos de un material antiadherente, como la silicona, cuando se indique es aconsejable engrasarlos, enharinarlos o forrarlos con papel vegetal antes de añadir la masa. Los moldes desmontables son muy prácticos, ya que el resorte lateral se puede soltar para que resulte más fácil retirar la tarta. Otra opción útil son los moldes con la base desmontable.

MOLDES RECTANGULARES Y DE CORONA

Además de moldes de horno redondos, conviene disponer de un molde rectangular y de un molde de corona. Pueden estar fabricados en un material antiadherente, como silicona.

CORTAPASTAS

En la actualidad podemos encontrar cortapastas de una gran variedad de formas y tamaños; desde las figuras geométricas más sencillas hasta los diseños más elaborados y originales creados para ocasiones especiales, como Navidad, San Valentín o Halloween.

MANGA PASTELERA

Esta bolsa cónica de plástico desechable, silicona o materiales similares sirve para dar forma a las galletas pequeñas. Cada una requiere una boquilla específica, lisa o acanalada, del tamaño adecuado.

UTENSILIOS PEQUEÑOS

Algunos utensilios son simplemente indispensables. Es el caso, por ejemplo, de las varillas, para mezclar y batir ingredientes; los rodillos, para extender la masa; las rasquetas de panadero, para cortar la masa; los cuchillos, para cortar tiras de masa; las espátulas, para alisar las cremas inglesas; o los pinceles de repostería, para untar la masa con huevo batido antes de hornearla.

LE CREUSET

GALLETAS

PASO 1

PASO 2

PASO 3

PASO 4

TÉCNICA

BISCOTTI CON GOCCE DI CIOCCOLATO

GALLETAS CON CHIPS DE CHOCOLATE

FÁCIL

- Preparación: *15 minutos*
- Cocción: *20 minutos*
- Calorías por galleta: *120*
- *Para 18 galletas*

INGREDIENTES

- 100 g de mantequilla
- ½ vaina de vainilla
- 80 g de azúcar
- 100 g de harina
- 50 g de maicena
- 1 cdta. de levadura en polvo
- 1 huevo ligeramente batido
- 50 g de chips de chocolate
- sal

PASO 1

Precaliente el horno a 180 °C y forre una bandeja de horno con papel vegetal. Derrita la mantequilla a fuego muy lento y déjela que se enfríe. Corte la vainilla a lo largo, retire las semillas y añádalas a la mantequilla. Incorpore el azúcar. Tamice la harina con la maicena y la levadura y sale.

PASO 2

Eche el huevo y la mantequilla derretida en la mezcla de harina y remueva bien. Agregue los chips de chocolate y remueva de nuevo.

PASO 3

Con ayuda de 2 cucharillas, o de una cuchara para galletas, coloque montoncitos de la mezcla en la bandeja de horno, dejando 2,5 cm de separación entre uno y otro. Aplástelos ligeramente con la palma de la mano.

PASO 4

Hornéelos unos 20 minutos, o hasta que los bordes se doren ligeramente y el centro empiece a cuajar. Las galletas se expandirán un poco durante la cocción y adquirirán su aspecto típico de oblea. Déjelas enfriar antes de servirlas.

AMARETTI

GALLETAS AMARETTI

FÁCIL

- Preparación: *50 minutos*
- Cocción: *15 minutos*
- Calorías por galleta: *40*
- *Para 60 galletas*

INGREDIENTES

- 150 g de almendras picadas
- 110 g de azúcar
- 4 claras de huevo
- 240 g azúcar glas, tamizado
- ½ cdta. de extracto de vainilla

Precaliente el horno a 180 °C y forre una bandeja de horno con papel vegetal. Triture las almendras con una batidora 1 minuto como máximo. A continuación, añada el azúcar y triture 2 minutos más, hasta que la almendra esté bien molida. Pásela a un bol.

Monte las claras a punto de nieve y vaya añadiendo el azúcar glas, sin dejar de batir, hasta que la mezcla quede consistente y brillante. Incorpore el extracto de vainilla, removiendo con suavidad, y agregue poco a poco la almendra molida.

Ponga la mezcla en una manga pastelera con una boquilla de 1 cm y haga montoncitos de 2,5 cm de alto sobre el papel vegetal, dejando aproximadamente 2,5 cm de separación entre ellos. Espolvoree las galletas con azúcar glas y déjelas reposar de 10 a 15 minutos.

Hornéelas unos 15 minutos, o hasta que se hinchen y se doren ligeramente. Retírelas del horno y deje que se enfríen por completo antes de separarlas del papel. Se pueden conservar en un recipiente hermético.

Consejo: Si desea preparar una variante completamente irresistible, derrita 100 g de chocolate negro en una olla para baño María o en un bol refractario colocado sobre una olla de agua hirviendo..Extienda el chocolate sobre la parte plana de una galleta y coloque otra encima para cerrarla.

BISCOTTI FROLLINI

GALLETAS DE PASTAFLORA

FÁCIL

- Preparación: *15 minutos*
- Cocción: *12 minutos*
- Calorías por galleta: *92*
- *Para 18 galletas*

INGREDIENTES

- 3 yemas de huevo duro
- 50 g de azúcar
- 100 g de mantequilla
- 100 g de harina, y un poco más para espolvorear
- 50 g de harina de patata
- azúcar candi, para decorar (opcional)
- azúcar glas, para espolvorear

Precaliente el horno a 180 °C y forre una bandeja de horno con papel vegetal. Pase las yemas por un colador y bátalas en un bol con una espátula, junto con el azúcar y la mantequilla. Tamice encima las dos harinas y mezcle todo ligeramente. Es muy importante refrigerar la masa y no manipula demasiado, de lo contrario el resultado final se verá afectado.

Estire la masa sobre una superficie de trabajo ligeramente enharinada hasta obtener una lámina gruesa y córtela con un cortapastas estriado en rectángulos de 6 x 2 cm. Coloque las galletas en la bandeja de horno preparada, decórelas con azúcar candi, si utiliza, y hornéelas 12 minutos.

Espolvoréelas con azúcar glas y sírvalas.

CANESTRELLI

GALLETAS MARGARITA

FÁCIL

- Preparación: *45 minutos* + *30 minutos* para enfriar
- Cocción: *8-10 minutos*
- Calorías por galleta: *112*
- *Para 24 galletas*

INGREDIENTES

- 300 g de harina, tamizada, y un poco más para espolvorear
- 150 g de mantequilla
- 90 g de azúcar
- 1 huevo entero y 1 huevo con la clara separada de la yema
- azúcar glas, para espolvorear

Precaliente el horno a 190 °C y forre una bandeja de horno con papel vegetal. Ponga la harina, la mantequilla y el azúcar en un bol y frote la mantequilla y la harina con la yema de los dedos hasta obtener una mezcla arenosa. Añada el huevo y la yema de huevo y trabaje la masa rápidamente con las manos hasta que esté suave. Estírela sobre una superficie enharinada hasta que tenga un grosor de 1 cm.

Utilice un cortapastas en forma de flor para hacer margaritas con un agujero en el centro, colóquelas en la bandeja de horno y refrigérelas 30 minutos como mínimo.

Bata ligeramente la clara de huevo y utilícela para untar las galletas antes de hornearlas de 8 a 10 minutos, o hasta que doren. Retírelas del horno, deje que se enfríen y espolvoréelas con abundante azúcar glas.

GIALLETTI

GALLETAS DE LIMÓN

FÁCIL

- Preparación: *20 minutos + 1 hora para enfriar*
- Cocción: *15-20 minutos*
- Calorías por galleta: *67*
- *Para 27 galletas*

INGREDIENTES

- mantequilla para engrasar
- 50 g de harina de maíz extrafina
- 150 g de harina
- 4 cdtas. de levadura en polvo
- 1 huevo entero y 1 yema de huevo
- 150 g de azúcar extrafino
- la piel rallada de 1 limón (sin cera)
- leche, la necesaria

Precaliente el horno a 180 °C y engrase una bandeja de horno. Tamice la harina de maíz, la harina y la levadura en un bol grande y forme un volcán con un hueco en el centro. Casque el huevo en su interior, añada la yema de huevo, 100 g de azúcar, la ralladura de limón y la leche necesaria para formar una masa suave y fina. Dele forma de bola, cúbrala con film transparente y refrigérela 1 hora aproximadamente.

Divida la masa en bolas de tamaño de una nuez, aplástelas un poco y deles forma ligeramente alargada. Distribúyalas sobre la bandeja de horno, espolvoréelas con el azúcar restante y hornéelas de 15 a 20 minutos. Retírelas del horno, déjelas enfriar y sírvalas.

MORETTI AL PROFUMO D'ARANCIA

GALLETAS DE CHOCOLATE Y NARANJA

FÁCIL

- Preparación: *20 minutos + 1 hora para enfriar*
- Cocción: *15 minutos*
- Calorías por galleta: *133*
- *Para 25 galletas*

INGREDIENTES

- 100 g de chocolate negro rallado
- 280 g de harina, y un poco más para espolvorear
- 120 g de mantequilla a punto de pomada cortada en trozos pequeños
- 120 g de azúcar
- 1 cda. de cacao en polvo sin endulzar, tamizado
- la ralladura de 1 naranja (sin cera)
- 2 huevos enteros y 1 yema más
- azúcar candi, para decorar

Derrita el chocolate en una olla para baño María o un bol refractario colocado sobre una olla con agua hirviendo. Remuévalo y deje que se enfríe a temperatura ambiente.

Tamice la harina en un bol grande en forma de volcán y haga un hueco en el centro. Agregue la mantequilla, el azúcar, el chocolate, el cacao en polvo, la ralladura de naranja, 1 huevo entero y la yema de 1 huevo. Mezcle los ingredientes con la harina hasta obtener una masa suave. Si fuera necesario, trabájela ligeramente hasta que tenga una consistencia uniforme.

Estire la masa entre dos capas de film transparente hasta obtener un círculo de 3 mm de grosor y refrigérelo 1 hora aproximadamente, hasta que adquiera consistencia.

Precaliente el horno a 180 °C y forre una bandeja de horno con papel vegetal. Corte la masa con un cortapastas. Si lo prefiere, utilice distintas formas. Pase las galletas a la bandeja de horno.

Bata el huevo restante en un bol. Pinte las galletas con el huevo, decore el centro de cada una con azúcar candi y hornéelas unos 15 minutos. Retírelas del horno, déjelas reposar 1 minuto en la bandeja y páselas a una rejilla metálica para que se enfríen antes de servirlas.

Consejo: Si no encuentra azúcar candi, machaque ligeramente unos terrones de azúcar en un bol de metal con el extremo de un rodillo.

MEZZELUNE DI PASTA FROLLA

MEDIALUNAS DE PASTAFLORA

FÁCIL

- Preparación: *15 minutos*
- Cocción: *12 minutos*
- Calorías por galleta: *117*
- *Para 30 galletas*

INGREDIENTES

- ⅔ de ración de pastaflora (véase pág. 105)
- 200 g de almendra molida
- 4 cdas. de azúcar glas
- 50 g de azúcar avainillado, para espolvorear (véase nuestro consejo)
- confetis de azúcar de colores, para decorar (opcional)

Precaliente el horno a 180 °C y forre una bandeja de horno con papel vegetal. Trabaje un poco la masa, añada la almendra molida y siga amasándola hasta obtener una mezcla homogénea.

Divida la pastaflora en 30 trozos y forme con cada uno un cilindro de 2,5 cm de grosor y 2 cm de largo. Enrolle cada cilindro con la palma de las manos, para alargarlos, y presiónelos hasta formar una media luna. Repita la operación con todos los cilindros.

Coloque las medialunas en la bandeja de horno, esparza los confetis, si utiliza, y aplástelos ligeramente. Hornéelas de 10 a 12 minutos o hasta que los bordes se empiecen a dorar. Retírelas del horno y espolvoréelas con el azúcar avainillado antes de que se enfríen. Dispóngalas en una fuente y sírvalas.

Consejo: Para hacer azúcar avainillado, mezcle el azúcar glas con las semillas de una vaina de vainilla o introduzca una vaina de vainilla en un bote de azúcar glas durante una semana. Se puede utilizar cualquier otra variedad de azúcar para preparar azúcar avainillado..

BISCOTTI ALLE NOCCIOLE

GALLETAS DE AVELLANA

FÁCIL

- Preparación: *10 minutos*
- Cocción: *10 minutos*
- Calorías por galleta: *103*
- *Para 30 galletas*

INGREDIENTES

- 200 g de harina
- 1 huevo, ligeramente batido
- 160 g de azúcar extrafino
- 100 g de avellanas picadas gruesas
- 100 g de chips de chocolate
- 80 g de mantequilla, derretida y enfriada

Precaliente el horno a 180 °C y forre una bandeja de horno con papel vegetal.

Tamice la harina en un bol grande y forme un volcán con un hueco en el centro. Añada el huevo y, a continuación, el azúcar, las avellanas y los chips de chocolate. Vierta lentamente la mantequilla derretida y remueva suavemente con un tenedor.

Coja un poco de masa cada vez y forme bolitas aplanadas. Colóquelas en la bandeja de horno y hornéelas 10 minutos. Retírelas del horno, deje que se enfríen, colóquelas sobre una fuente y sírvalas. Si lo prefiere, puede conservarlas varios días en un recipiente hermético.

BRUTTI MA BUONI

GALLETAS FEAS PERO BUENAS

FÁCIL

- Preparación: *20 minutos*
- Cocción: *50 minutos*
- Calorías por galleta: *56*
- *Para 50 galletas*

INGREDIENTES

- 150 g de almendras sin piel
- 150 g de avellanas sin piel
- 3 claras de huevo
- 200 g de azúcar
- 1 pizca de canela molida

Precaliente el horno a 200 °C. Tueste las almendras y las avellanas en el horno unos 5 minutos, o hasta que estén doradas. Retírelas y déjelas enfriar antes de picarlas gruesas. Baje la temperatura del horno a 140 °C y forre una bandeja de horno con papel vegetal.

Monte las claras a punto de nieve con una batidora y añada el azúcar poco a poco, removiendo, hasta obtener un merengue firme y brillante.

Añada los frutos secos picados y la canela y remueva con una espátula. Pase la mezcla a un bol refractario colocado sobre una olla de agua hirviendo a fuego lento y cuézala unos 15 minutos, removiendo con frecuencia, hasta que espese un poco.

Coloque montoncitos de la mezcla con 2 cucharillas, o con una cuchara para galletas,en la bandeja preparada y hornee las galletas unos 30 minutos.

Consejo: Si desea que las galletas tengan un ligero sabor a especias, añada ½ cucharadita de jengibre molido y un toque de pimienta de Jamaica molida.

BISCOTTI ALLO ZENZERO

GALLETAS DE JENGIBRE Y PASTAFLORA

FÁCIL

- Preparación: *10-15 minutos*
- Cocción: *10-15 minutos*
- Calorías por galleta: *160*
- *Para 18 galletas*

INGREDIENTES

- 125 g de mantequilla a punto de pomada
- 2 cdtas. de jengibre fresco rallado fino
- 50 g de azúcar glas
- 200 g de harina, y un poco más para espolvorear

Precaliente el horno a 180 °C y forre una bandeja de horno con papel vegetal. Bata la mantequilla y el jengibre en un bol grande hasta obtener una mezcla cremosa. A continuación, añada el azúcar. Incorpore la harina poco a poco hasta obtener una masa suave. Añada un poco de agua templada si fuera necesario.

Estire la masa sobre una superficie de trabajo ligeramente enharinada hasta que tenga un círculo de 1 cm de grosor. Córtelo en círculos de 5 cm de diámetro. Colóquelos en la bandeja de horno y refrigérelos hasta que adquieran consistencia. Hornéelos de 10 a 15 minutos o hasta que se empiecen a dorar.

Retire las galletas del horno y déjelas enfriar antes de servirlas. Se pueden conservar bien durante varios días en un recipiente hermético.

BISCOTTI SPEZIATI

GALLETAS DE ESPECIAS

FÁCIL

- Preparación: *20 minutos + 12 horas para reposar*
- Cocción: *15 minutos*
- Calorías por galleta: *162*
- *Para 24 galletas*

INGREDIENTES

- 250 g de harina
- 180 g de azúcar
- 1 cdta. de bicarbonato de sodio
- 1½ cdtas. de canela molida
- 1 cdta. de jengibre en polvo
- ½ cdta. de nuez moscada molida
- 1 huevo ligeramente batido, y 1 clara de huevo
- 160 g de mantequilla derretida
- 250 g de azúcar glas
- unas gotas de limón
- 1 pizca de sal

Precaliente el horno a 180 °C y forre una bandeja de horno con papel vegetal. Tamice la harina en un bol e incorpore el azúcar, el bicarbonato de sodio, las especias y una pizca de sal. Agregue el huevo y la mantequilla y remueva bien. Envuelva la masa en film transparente y déjela reposar 12 horas en el frigorífico.

Estírela hasta formar una lámina de 3 mm de grosor y utilice un cortapastas para crear distintas formas. Páselas a la bandeja y hornéelas unos 15 minutos.

Coloque las galletas sobre una rejilla metálica y deje que se enfríen. Espolvoree el azúcar glas. Ponga la clara de huevo en un bol y bátala con un tenedor hasta que espume ligeramente. Añada un par de gotas de zumo de limón. Incorpore el azúcar poco a poco hasta obtener la consistencia de un glaseado suave. Introdúzcalo en una manga pastelera con una boquilla pequeña y decore las galletas.

BISCOTTI DI GRANOTURCO

GALLETAS DE HARINA DE MAÍZ

FÁCIL

- Preparación: *40 minutos*
  + 2 horas en remojo
  y 1 hora para enfriar
- Cocción: *12-15 minutos*
- Calorías por galleta: *124*
- *Para 40 galletas*

INGREDIENTES

- 100 g de pasas
- 200 ml de grappa o brandy
- 2 yemas de huevo
- 200 g de azúcar
- 150 g de mantequilla a punto de pomada
- 70 g de manteca suave
- la ralladura de 1 limón (sin cera)
- unas gotas de extracto de vainilla
- 300 g de harina de maíz extrafina
- 150 g de harina
- 1¼ cdtas. de levadura en polvo
- sal
- azúcar glas, para espolvorear (opcional)
- sabayón (véase pág. 123), para servir (opcional)

Sumerja las pasas en la grappa y déjelas en remojo unas 2 horas para que reblandezcan y absorban el sabor.

Bata las yemas y el azúcar en un bol hasta que queden pálidas y esponjosas y a continuación incorpore la mantequilla, la manteca, la ralladura de limón y la vainilla sin dejar de batir. Tamice la harina de maíz, la harina, la levadura y una pizca de sal sobre la mezcla y remueva hasta obtener una masa.

Escurra las pasas y séquelas con papel de cocina. Mézclelas con la masa y refrigérela como mínimo 1 hora.

Precaliente el horno a 180 °C y forre una bandeja de horno con papel vegetal. Divida la mezcla en bolas del tamaño de una nuez, presione cada una con firmeza y distribúyalas en la bandeja. Hornéelas durante unos 12 o 15 minutos. Retírelas y déjelas enfriar. Espolvoréelas con azúcar glas, si utiliza, y sírvalas con un sabayón.

CIAMBELLINE DI MAIS

ROSQUILLAS DE HARINA DE MAÍZ

DIFICULTAD MEDIA

- Preparación: *45 minutos + 30 minutos para enfriar*
- Cocción: *20 minutos*
- Calorías por unidad: *121*
- *Para 16 unidades*

INGREDIENTES

- 170 g de harina de maíz extrafina
- 3 cdas. de harina
- 85 g de mantequilla a punto de pomada, cortada en trozos
- 100 g de azúcar
- 1 huevo batido
- la ralladura de ¼ de limón (sin cera)
- sal
- azúcar glas, para espolvorear

Precaliente el horno a 180 °C y forre una bandeja de horno con papel vegetal. Tamice la harina de maíz y la harina en un bol grande en forma de volcán, haga un hueco en el centro y añada la mantequilla, el azúcar y una pizca de sal. Frote la mantequilla con los demás ingredientes de forma rápida, pero hasta que se mezclen bien. Incorpore el huevo y la ralladura de limón. Trabaje la masa con suavidad hasta que esté fina y homogénea.

Divida la masa en pequeñas porciones del mismo tamaño, forme un cilindro con cada una y una los extremos para formar un anillo. Refrigere las rosquillas unos 30 minutos, o hasta que estén consistentes.

Precaliente el horno a 180 °C y forre una bandeja de horno con papel vegetal. Colóquelas en la bandeja y hornéelas 20 minutos. Retírelas del horno, deje que se enfríen y dispóngalas en una fuente. Espolvoréelas con azúcar glas y sírvalas.

Consejo: Si dispone de una báscula de cocina, pese los trozos de masa antes de hacer los cilindros para que las rosquillas tengan el mismo tamaño.

"NZUDDI" BISCOTTI ALLE MANDORLE

GALLETAS SICILIANAS DE ALMENDRA

FÁCIL

- Preparación: *40-50 minutos*
- Cocción: *10 minutos*
- Calorías por galleta: *102*
- *Para 35 galletas*

INGREDIENTES

- 200 g de harina
- 1 cdta. de canela molida
- 200 g de almendras peladas, tostadas y picadas
- 200 g de azúcar extrafino
- 1 cda. de ralladura fina de naranja
- 2 huevos
- 2 cdtas. de levadura en polvo
- el zumo de ½ limón

PARA ADORNAR

- 100 g de azúcar extrafino
- 3 cdas. de canela molida
- 100 g de almendras peladas, tostadas y cortadas por la mitad

Precaliente el horno a 180 °C. Forre 1 o 2 bandejas de horno con papel vegetal.

Tamice la harina y la canela en un bol grande, añada las almendras picadas, el azúcar y la ralladura de naranja y mezcle todo bien. Eche la mezcla sobre una superficie de trabajo, forme un volcán con un hueco en el centro y casque los huevos en su interior. Bátalos ligeramente con un tenedor y añada la levadura y el zumo de limón. Siga batiendo el conjunto hasta que la masa espese y quede ligeramente pegajosa.

Tamice el azúcar y la canela para adornar en un recipiente de fondo plano y mezcle todo bien.

Coja 1 cucharadita de la masa, forme una bolita con la palma de las manos y pásela por la mezcla de azúcar y canela. Repita la operación con el resto de la masa. Coloque las bolitas en la fuente o fuentes preparadas, dejando espacio entre ellas. Introduzca una almendra en cada bolita, presionándola ligeramente. Hornee las galletas unos 10 minutos, hasta que se empiecen a dorar. Retírelas del horno y páselas a una rejilla metálica para que se enfríen antes de servirlas.

LINGUE DOLCI FRIULANE

GALLETAS AL ESTILO DE FRIULI

DIFICULTAD MEDIA

- Preparación: *45 minutos*
- Cocción: *25 minutos*
- Calorías por galleta: *87*
- *Para 30 galletas*

INGREDIENTES

- 100 g de azúcar
- 330 g de harina
- 140 g de mantequilla fría
- 1 cda. de agua de azahar
- azúcar glas
- sal

Precaliente el horno a 180 °C y forre una bandeja de horno con papel vegetal.

Prepare un almíbar. Para ello, vierta 100 ml de agua en un cazo, añada el azúcar y llévelo a ebullición hasta que se disuelva. Cuézalo 5 minutos y deje que se enfríe.

Para preparar la masa, mezcle la harina, la mantequilla y una pizca de sal hasta obtener una mezcla con una consistencia arenosa en vez de fina. Añada el almíbar y el agua de azahar y trabájela brevemente hasta obtener una masa.

Coja pequeñas porciones de masa, forme cilindros y córtelos en diagonal para obtener trocitos más pequeños. Moldéelos con la palma de las manos para obtener galletas alargadas en forma de hoja y presione el centro de cada una con el pulgar para crear un pequeño hueco.

Colóquelas en la bandeja con mucho cuidado y hornéelas unos 20 minutos, o hasta que estén doradas. Retírelas del horno y deje que se enfríen a temperatura ambiente. Espolvoréelas con azúcar glas, si utiliza.

BISCOTTI BICOLORI

GALLETAS BICOLORES

DIFICULTAD MEDIA

- Preparación: *15 minutos, + 2 horas para enfriar*
- Cocción: *8-10 minutos*
- Calorías por galleta: *114*
- *Para 24 galletas*

INGREDIENTES

- 200 g de mantequilla a punto de pomada
- 200 g de azúcar
- 1 huevo batido
- 320 g de harina
- 1 cdta. de levadura en polvo
- 30 g de cacao en polvo amargo, tamizado

Bata la mantequilla y el azúcar en un bol hasta obtener una mezcla suave y esponjosa. Incorpore el huevo, tamice la harina con la levadura y siga mezclando todo.

Divida la masa por la mitad e incorpore el cacao en polvo con cuidado en una de las mitades. Extienda las dos porciones de masa sobre una superficie de trabajo ligeramente enharinada hasta obtener láminas de 2 o 3 mm de grosor. A continuación, córtelas en 2 rectángulos de unos 30 x 20 cm. Coloque uno encima del otro y enróllelos a lo largo. Envuelva el cilindro resultante en film transparente y refrigérelo 2 horas.

Precaliente el horno a 180 °C y forre una bandeja de horno con papel vegetal.

Corte el cilindro en rodajas de 1 cm de grosor. Dispóngalas en la bandeja y hornéelas de 8 a 10 minutos. Retírelas del horno, deje que se enfríen y sírvalas.

Consejo: Para que sea más fácil cortar la masa, envuélvala en film transparente y déjela 30 minutos en el congelador. Retire el film y córtela como desee.

CANESTRELLI PIACENTINI

GALLETAS AL ESTILO DE PIACENZA

FÁCIL

- Preparación: *25 minutos*
- Cocción: *10 minutos*
- Calorías por galleta: *102*
- *Para 35 galletas*

INGREDIENTES

- 250 g de harina, y un poco más para espolvorear
- 1 huevo
- 80 g de mantequilla a punto de pomada, cortada en trocitos, y un poco más para engrasados
- 75 g de azúcar
- la ralladura de ¼ de limón (sin cera)
- ½ cdta. de levadura en polvo
- una pizca de mezcla de especias (para tarta de manzana)
- unas gotas de extracto de vainilla
- 2 cdas. de Alchermes o colorante alimentario rojo diluido con un poco de agua de rosas
- leche, la necesaria

Precaliente el horno a 180 °C y engrase y enharine una bandeja de horno. Tamice la harina en un bol grande, haga un hueco en el centro y casque el huevo en su interior. Añada la mantequilla, el azúcar, la ralladura de limón, la levadura, la mezcla de especias, la vainilla y el Alchermes y remueva hasta obtener una masa suave, agregando la cantidad justa de leche.

Extienda la masa sobre una superficie hasta obtener una lámina de 1 cm de grosor y prepare galletas de diversas formas con ayuda de unos cortapastas. Colóquelas en la bandeja de horno y hornéelas unos 10 minutos, hasta que se empiecen a dorar. Deje que se enfríen antes de servirlas.

Nota: La palabra italiana «canestrelli» proviene de «canestri», que significa paja o cesta de mimbre, y es precisamente donde estas galletas se dejaban enfriar al sacarse del horno.

BISCOTTI DEL CONVENTO

GALLETAS DEL CONVENTO

FÁCIL

- Preparación: *35 minutos*
- Cocción: *15 minutos*
- Calorías por galleta: *89*
- *Para 40 galletas*

INGREDIENTES

- 500 g de harina
- 125 g de azúcar extrafino
- 1 huevo y 1 yema de huevo
- 100 g de mantequilla o manteca a punto de pomada
- 50 g de crémor tártaro
- una pizca de bicarbonato de sodio
- la ralladura de 1 limón

PARA ADORNAR

- 1 clara de huevo
- unas gotas de zumo de limón
- 100 g de azúcar glas

Precaliente el horno a 190 °C. Forre una bandeja de horno con papel vegetal.

Tamice la harina en un bol en forma de volcán, haga un hueco en el centro y eche el azúcar, el huevo, la yema de huevo, la mantequilla, el crémor tártaro, el bicarbonato mezclado con un poco de agua y la ralladura de limón. Mezcle todo bien.

Coja porciones pequeñas de masa, forme rollitos, aplástelos y córtelos en forma de rombos. Colóquelos en la bandeja preparada y hornéelos unos 15 minutos, hasta que se empiecen a dorar. Retírelos del horno y baje la temperatura a 180 °C..

Prepare el glaseado. Bata la clara de huevo y el zumo de limón en un bol, incorpore el azúcar glas y remueva bien. Apague el horno. Sumerja las galletas en el glaseado, colóquelas en una bandeja de horno y séquelas en el horno con la puerta entreabierta.

BACI DI DAMA

BESOS DE DAMA

FÁCIL

- Preparación: *30 minutos*
- Cocción: 18-*20 minutos*
- Calorías por galleta: *124*
- *Para 25 galletas*

INGREDIENTES

- 70 g de almendras
- 2½ cdas. de azúcar extrafino
- 100 g de mantequilla a punto de pomada, y un poco más para engrasar.
- 100 g de harina
- 100 g de harina de patata
- 70 g de azúcar glas
- 1 huevo
- crema de chocolate con avellana (gianduja), para servir

Precaliente el horno a 160 °C y engrase una bandeja de horno. Triture las almendras y el azúcar en un robot de cocina hasta obtener un polvo. Bata la mantequilla en un bol, incorpore la harina, la harina de patata, el azúcar glas, el polvo de almendras y azúcar y el huevo y remueva hasta obtener una masa fina.

Forme de 50 a 60 bolas de masa del tamaño de una nuez y aplástelas ligeramente. Colóquelas en la bandeja y hornéelas de 18 a 20 minutos.

Retírelas del horno, deje que se enfríen y extienda un poco de chocolate de avellana entre dos galletas para formar parejas de «besos».

Consejo: Para potenciar su sabor, tueste las almendras ligeramente en el horno hasta que se doren. Deje que se enfríen antes de triturarlas con el azúcar.

TEGOLE AI PISTACCHI

TEJAS DE PISTACHO

FÁCIL

- Preparación: *30 minutos*
- Cocción: *8-10 minutos*
- Calorías por unidad: *91*
- *Para 22 unidades*

INGREDIENTES

- 100 g de mantequilla a punto de pomada
- 60 g de azúcar, y una cucharada más
- unas gotas de extracto de vainilla
- 2 claras de huevo
- 100 g de harina, tamizada
- 50 g de pistachos pelados, picados
- 2½ cdas. de piñones, picados

Precaliente el horno a 180 °c y forre una bandeja de horno con papel vegetal. Ponga la mantequilla, 60 g de azúcar y el extracto de vainilla en un bol y bátalos hasta obtener una mezcla muy pálida y esponjosa.

Monte las claras a punto de nieve en otro bol. Añádales la cucharada de azúcar restante, sin dejar de batir, e incorpore la mezcla de mantequilla y azúcar. Tamice la harina encima y remueva con una cuchara metálica.

Con ayuda de una cucharilla, coloque pequeñas porciones de la mezcla en la bandeja, formando círculos irregulares con mucho espacio entre sí. Extiéndalos con el dorso de una cuchara para formar círculos finos. Esparza los pistachos y piñones picados y hornéelos de 8 a 10 minutos.

Coja las tejas de una en una, antes de que se enfríen, y aplástelas ligeramente contra un rodillo para darles su característica forma curvada. Dispóngalas en una fuente y deje que se enfríen antes de servirlas.

Nota: Las tegole *(tejas) reciben su nombre por su forma inconfundible, semejante a la de una teja de terracota.*

VENTAGLIETTI AL LIMONE

PALMERITAS DE HOJALDRE DE LIMÓN

FÁCIL

- Preparación: *15 minutos*
- Cocción: *20 minutos*
- Calorías por unidad: *109*
- *Para 15-20 unidades*

INGREDIENTES

- 400 g de masa de hojaldre preparada
- harina, para espolvorear
- azúcar glas, para espolvorear
- 2 limones (sin cera)

Precaliente el horno a 180 °C y forre una bandeja de horno con papel vegetal. Extienda la masa sobre una superficie de trabajo ligeramente enharinada hasta obtener un rectángulo de 3 mm de grosor y unte toda la superficie con agua para humedecerla ligeramente.

Espolvoree toda la superficie con azúcar y ralle la piel de los limones encima de manera uniforme. Coloque uno de los lados cortos junto al borde de la superficie y enrolle los dos bordes exteriores hacia el centro de forma simultánea para que se junten en el centro. Corte a lo ancho el doble cilindro resultante para obtener rodajas de 1 cm de grosor.

Coloque las rodajas en la bandeja, espaciadas, y presione donde estaba la línea central para que el otro lado se abra mientras se cuecen. Hornéelas 10 minutos, deles la vuelta y hornéelas otros 10 minutos hasta se doren. Retírelas del horno, deje que se enfríen, páselas a una bandeja y sírvalas.

Consejo: Los ventaglietti *son la versión italiana de las* palmiers *francesas y las palmeritas españolas. La ralladura de limón se puede reemplazar por naranja y 1 cucharadita colmada de canela molida.*

BISCOTTI DEL LAGACCIO

BIZCOCHITOS DE HINOJO AL ESTILO DE LAGACCIO

DIFICULTAD MEDIA

- Preparación: *1 hora + 1 hora para leudar y 15 minutos para reposar*
- Cocción: *20 minutos*
- Calorías por unidad: *83*
- *Para 50 unidades*

INGREDIENTES

- 50 g de levadura fresca o 25 g de levadura seca activa
- 650 g de harina
- 125 g de mantequilla, y un poco más para engrasar
- 200 g de azúcar
- 2 cdas. de semillas de hinojo
- sal

Diluya la levadura en un poco de agua templada. Tamice 150 g de harina en un bol grande, forme un volcán con un hueco en el centro y eche la levadura. Incorpore la harina poco a poco hasta obtener una masa suave. Agregue más agua templada si fuera necesario. Dele forma de bola, cúbrala y déjela leudar en un lugar cálido hasta que duplique su tamaño.

Mientras, derrita la mantequilla a fuego lento y deje que se enfríe, hasta que esté templada. Tamice la harina restante en forma de volcán, haga un hueco en el centro y eche una pizca de sal y la mantequilla derretida. Añada el azúcar, las semillas de hinojo y la masa leudada. Trabaje todo enérgicamente. La masa debería tener una consistencia bastante suave. Dele forma de bola, espolvoréela con harina y déjela en reposo en un lugar cálido hasta que duplique su tamaño.

Precaliente el horno a 200 °C y engrase una bandeja de horno. Aplaste la masa, amásela brevemente y divídala en 4 porciones iguales. Forme un cilindro con cada porción, del tamaño de una *baguette* fina y muy corta. Déjelos reposar unos 15 minutos en un lugar cálido.

Corte los cilindros en trozos de 1 cm de grosor y colóquelos en la bandeja. Hornéelos 20 minutos o hasta que se doren ligeramente, retírelos y deje que se enfríen. Guárdelos en un recipiente hermético de cristal.

Nota: El nombre de estas galletas proviene de un famoso barrio de Génova llamado Lagaccio.

CANTUCCINI

CANTUCCINI DE ALMENDRAS Y PIÑONES

FÁCIL

- Preparación: *30 minutos*
- Cocción: *1 hora y 8 minutos*
- Calorías por unidad: *47*
- *Para 40 unidades*

INGREDIENTES

- mantequilla derretida, para engrasar
- 100 g de almendras sin pelar
- 40 g de piñones
- 250 g de harina
- 220 g de azúcar glas
- 1 cdta. de levadura en polvo
- 2 huevos

Precaliente el horno a 200 °C y engrase una bandeja de horno con mantequilla. Ponga las almendras y los piñones en la bandeja y tuéstelos ligeramente 5 minutos. Retírelos del horno, deje que se enfríen y divida las almendras en dos mitades.

Tamice la harina, el azúcar y la levadura en un bol grande, forme un volcán, haga un hueco en el centro, casque los huevos en su interior y remueva para que se mezclen poco a poco con los ingredientes secos. Añada los piñones y las almendras. Cuando obtenga una masa fina, divídala por la mitad y forme 2 cilindros de unos 30 cm de largo.

Colóquelos en la bandeja y hornéelos unos 18 minutos. Retírelos del horno, deje que se enfríen un poco y baje la temperatura del horno a 130 °C. Corte los cilindros en diagonal en rodajas de 1 cm de grosor. Coloque las rodajas en la bandeja y hornéelas 45 minutos.

Retírelas del horno, deje que se enfríen por completo y guárdelas en un recipiente hermético forrado con papel vegetal. Sírvalas con helado o vino dulce.

CANTUCCINI AL CAFFÈ

CANTUCCINI DE CAFÉ Y ALMENDRAS

FÁCIL

- Preparación: *30 minutos*
- Cocción: *20 minutos*
- Calorías por unidad: *83*
- *Para 32 unidades*

INGREDIENTES

- mantequilla, para engrasar
- 400 g de harina
- 1½ cdtas. de levadura en polvo
- 4 huevos
- 100 g de miel de acacia
- 5 cdtas. de café negro cargado
- unas gotas de extracto de vainilla
- 100 g de almendras sin pelar

Precaliente el horno a 200 °C y engrase una bandeja de horno con mantequilla. Tamice la harina y la levadura en un bol grande y forme un volcán con un hueco en el centro. Casque los huevos en su interior y añada la miel, el café, la vainilla y las almendras. Remueva hasta obtener una masa.

Divida la masa en cilindros de 3 cm de diámetro, aplánelos ligeramente y colóquelos en la bandeja. Hornéelos 20 minutos, hasta que se doren. Córtelos en rodajas mientras estén calientes. Déjelos que se enfríen antes de servirlos.

Consejo: Para preparar unos cantuccini *aún más crujientes, tueste las rodajas ligeramente en el horno después de cortarlas, dándoles la vuelta una vez.*

PASTELES

PASO 1

PASO 2

PASO 3

PASO 4

CIAMBELLA ALL'ARANCIA

ROSCÓN DE NARANJA

FÁCIL

- Preparación: *15 minutos*
- Cocción: *30 minutos*
- Calorías por ración: *692*
- *Para 6 personas*

INGREDIENTES

- 130 g de mantequilla a punto de pomada, y un poco más para engrasar
- 200 g de azúcar
- 3 huevos batidos
- 300 g de harina
- 2 cdtas. de levadura en polvo
- el zumo de 3 naranjas, colado
- 1 cdta. de ralladura de naranja

PASO 1

Precaliente el horno a 180 °C. Engrase un molde de corona de 24 cm con mantequilla y refrigérelo. Bata la mantequilla y el azúcar en un bol grande hasta obtener una mezcla ligera y cremosa. Incorpore los huevos poco a poco, sin dejar de batir.

PASO 2

Tamice la harina y la levadura en un bol.

PASO 3

Incorpore la mezcla de harina en la mezcla de mantequilla y azúcar y vierta la mitad del zumo de naranja y toda la ralladura de naranja.

PASO 4

Pase la masa al molde preparado y hornéela unos 30 minutos. Retírela del horno, deje que se enfríe un poco y desmolde el roscón en una fuente. Pínchelo por todas partes con un palillo y vierta cucharaditas del zumo de naranja restante en los agujeros para humedecerlo. Déjelo enfriar y sírvalo.

CIAMBELLA FACILE

ROSCÓN SENCILLO

FÁCIL

– Preparación: *25 minutos*
– Cocción: *35-40 minutos*
– Calorías por ración: *439*
– *Para 6 personas*

INGREDIENTES

– 100 g de mantequilla a punto de pomada, y un poco más para engrasar
– harina, para espolvorear
– 200 g de azúcar
– 3 huevos, con las claras separadas de las yemas
– 250 g de harina de patata
– 2 cdtas. de levadura en polvo
– 2 cdtas. de azúcar avainillado
– leche templada, la necesaria
– sal

Precaliente el horno a 160 °C. Engrase y enharine un molde de corona de 1,5 litros. Bata la mantequilla y todo el azúcar (excepto 2 cucharadas) en un bol grande hasta obtener una mezcla ligera y esponjosa. Sale ligeramente. Incorpore las yemas sin dejar de batir.

Tamice la harina y la levadura en un bol aparte. Mezcle los ingredientes secos con la mezcla de mantequilla y huevo, removiendo constantemente. Añada un poco de leche para lograr una consistencia suave y remueva bien. Monte las claras a punto de nieve y agregue las 2 cucharadas reservadas de azúcar. Incorpórelas a la mezcla de harina, removiendo.

Pase la masa al molde preparado, llenándolo solo hasta la mitad. Hornee el roscón de 35 a 40 minutos. Déjelo reposar 5 minutos en el molde antes de desmoldarlo sobre una rejilla metálica para que se enfríe del todo. Espolvoréelo con el azúcar avainillado antes de servirlo.

TORTINI AI CANDITI

MAGDALENAS DE FRUTA CONFITADA

FÁCIL

- Preparación: *15 minutos*
- Cocción: *18-20 minutos*
- Calorías por ración: *513*
- *Para 6 personas*

INGREDIENTES

- 125 g de harina
- 1½ cdtas. de levadura en polvo
- 100 g de mantequilla, y un poco más, derretida, para engrasar
- 100 g de azúcar
- 2 huevos
- 1 cda. de kirsch o marrasquino
- 1 cda. colmada de de piel de fruta confitada o de cerezas confitadas
- azúcar glas, para espolvorear

Precaliente el horno a 190 °C y disponga moldes de papel en las cavidades de un molde para magdalenas de 6 unidades.

Tamice la harina y la levadura en polvo. Bata la mantequilla y el azúcar hasta obtener una mezcla ligera y esponjosa y añada los huevos, de uno en uno, alternándolos con la harina. Agregue el kirsch o marrasquino y siga removiendo aproximadamente 1 minuto. Incorpore la piel de fruta confitada o las cerezas confitadas. Remueva hasta que se mezclen bien.

Reparta la masa entre los moldes, llenándolos hasta la mitad. Hornee las magdalenas de 18 a 20 minutos. Retírelas del horno, deje que se enfríen y dispóngalas en una fuente. Espolvoréelas con azúcar glas y sírvalas.

TORTA DEL DONIZETTI

ROSCÓN DE DONIZETTI

FÁCIL

- Preparación: *30 minutos*
- Cocción: *40 minutos*
- Calorías por ración: *262-294*
- *Para 6-8 personas*

INGREDIENTES

- 160 g de mantequilla a punto de pomada, y un poco más para engrasar
- 85 g de azúcar extrafino
- 4 yemas de huevo
- 2 claras de huevo
- 1 cda. de zumo de limón
- 25 g de harina, tamizada
- 60 g de almidón de patata o maicena, tamizado
- ½ cdta. de levadura en polvo
- 50 g de orejones
- 2 cdas. de marrasquino, al gusto
- unas gotas de extracto de vainilla
- azúcar glas, para espolvorear

Precaliente el horno a 180 °C y engrase un molde de corona de 24 cm con mantequilla. Bata la mantequilla en un bol con la mitad del azúcar y agregue las yemas sin dejar de remover.

Monte las claras a punto de nieve con el zumo de limón, añada el azúcar restante sin dejar de batir e incorpórelas a la mezcla de mantequilla. Eche poco a poco la harina y el almidón de patata, la levadura, los albaricoques, el marrasquino y la vainilla, removiendo. Pase la masa al molde preparado. Hornéela unos 40 minutos.

Retire el roscón del horno, desmóldelo y deje que se enfríe antes de espolvorearlo con azúcar glas y servirlo.

TORTINE AL PROFUMO DI LIMONE

BIZCOCHITOS DE LIMÓN

FÁCIL

- Preparación: *15 minutos*
- Cocción: *18-20 minutos*
- Calorías por ración: *232*
- *Para 6-8 unidades*

INGREDIENTES

- 100 g de mantequilla, y un poco más para engrasar
- 125 g de harina
- 1½ cdtas. de levadura en polvo
- 100 g de azúcar
- 2 huevos
- 1 cda. de zumo de limón
- la ralladura de ½ limón
- 1 cda. de licor de limón (opcional)
- azúcar glas, para servir

Precaliente el horno a 190 °C y engrase las cavidades de un molde rectangular.

Tamice la harina y la levadura en un bol grande. En un bol aparte, bata la mantequilla y el azúcar hasta obtener una mezcla ligera y cremosa. Añada los huevos, de uno en uno, y agregue la harina y la ralladura de limón, alternándolas con el zumo de limón. Reparta la masa entre las cavidades del molde y hornee los bizcochitos de 18 a 20 minutos.

Retírelos del horno. Deje que se enfríen antes de desmoldarlos, espolvoréelos con azúcar glas y sírvalos.

Consejo: Para potenciar el sabor de estos bizcochitos de limón, añada a la mezcla 80 g de chips de chocolate blanco.

TORTINE ALLA CARAMELLA MOU

BIZCOCHITOS DE CHOCOLATE Y TOFFEE

FÁCIL

- Preparación: *10 minutos*
- Tiempo de cocción: *25 minutos*
- Calorías por ración: *315*
- *Para 12 unidades*

INGREDIENTES

- mantequilla, para engrasar
- 150 g de caramelos blandos de toffee con nata
- 50 g de almendras blanqueadas
- 200 g de harina
- 100 g de azúcar
- 80 ml de aceite de girasol o de aceite oliva suave
- 4 cucharadas de cacao en polvo amargo
- 2 huevos batidos
- 250 g de yogur de vainilla
- 2 cdtas. de levadura en polvo

Precaliente el horno a 180 °C y engrase un molde para magdalenas o 12 moldes individuales para magdalenas. Ponga todos los ingredientes excepto la mantequilla en una batidora o un robot de cocina y bátalos a velocidad media hasta obtener una mezcla homogénea.

Reparta la masa entre las cavidades del molde o los moldes y hornee los bizcochitos 25 minutos. Sírvalos templados.

Consejo: *El yogur de vainilla se puede sustituir por yogur natural y ½ cucharadita de extracto de vainilla.*

CIAMBELLA AL LIMONE

ROSCÓN DE LIMÓN

FÁCIL

- Preparación: *20 minutos + 15 minutos para leudar*
- Cocción: *40 minutos*
- Calorías por ración: *244*
- *Para 6 personas*

INGREDIENTES

- mantequilla, para engrasar
- 250 g de harina
- 1½ cdas. de levadura seca activa
- 2 cdas. de azúcar
- 250 ml de leche templada
- 80 g de pasas sultanas
- 1 huevo ligeramente batido
- la ralladura de 1 limón (sin cera)
- sal

Precaliente el horno a 200 °C y engrase un molde de corona de 24 cm con mantequilla. Ponga la harina, la levadura y el azúcar en un bol con un poco de leche templada y remueva. Deje la masa leudar 15 minutos en un lugar cálido. Mientras, ponga las pasas sultanas en remojo en agua templada.

Escúrralas y añádalas a la masa junto con la leche restante, el huevo, la ralladura de limón y una pizca de sal. Trabaje la masa, dele forma de roscón y colóquelo en el molde. Hágale unas incisiones superficiales y oblicuas y hornéelo 40 minutos. Déjelo enfriar y sírvalo.

CIAMBELLA ALLE CAROTE

ROSCÓN DE ZANAHORIA

FÁCIL

- Preparación: *20 minutos*
- Cocción: *45 minutos*
- Calorías por ración: *316*
- *Para 6 personas*

INGREDIENTES

- 140 g de harina
- 150 g de azúcar
- 1 cdta. de levadura en polvo
- 1 pizca g de jengibre en polvo
- 1 pizca de nuez moscada molida
- 2 cdas. de leche
- 100 ml de aceite de oliva
- 30 g de mantequilla derretida
- 2 huevos
- 50 g de pasas sultanas
- 20 g de nueces, picadas
- 2 zanahorias, peladas y ralladas
- azúcar glas, para espolvorear
- sal

Precaliente el horno a 160 °C. Engrase y enharine un molde de corona de 1,5 litros. Ponga la harina, el azúcar, la levadura, una pizca de sal, el jengibre y la nuez moscada en un bol grande y remueva.

Agregue la leche, el aceite, la mantequilla y los huevos. Remueva hasta obtener una mezcla homogénea y a continuación incorpore las pasas sultanas y las nueces. Remueva para que se distribuyan bien. Por último, agregue la zanahoria rallada

Pase la masa al molde preparado y hornee el roscón unos 45 minutos. Retírelo y déjelo enfriar. Desmóldelo en una bandeja, espolvoréelo generosamente con azúcar glas y sírvalo en rodajas.

Consejo: Para enharinar un molde de corona después de engrasarlo, esparza una cantidad generosa de harina para cubrir todo el interior y a continuación dele la vuelta y golpéelo con suavidad para eliminar el exceso de harina.

CIAMBELLINE AL LIMONE

ROSQUILLAS DE LIMÓN

FÁCIL

- Preparación: *20 minutos*
- Cocción: 20-*25 minutos*
- Calorías por unidad: *645-484*
- *Para 6-8 personas*

INGREDIENTES

- 200 g de mantequilla a punto de pomada, y un poco más para engrasar
- 200 g de azúcar
- 350 g de harina
- 2½ cdtas. de levadura en polvo
- 3 huevos
- 2 limones
- 2 cdas. de leche
- 3-4 cdas. de azúcar glas
- sal

Precaliente el horno a 180 °C y engrase de 6 a 8 moldes individuales. Ponga la mantequilla y el azúcar en un bol y bátalos con unas varillas metálicas hasta obtener una mezcla pálida y esponjosa. Tamice la harina con la levadura en polvo en un bol aparte. Agregue los huevos de uno en uno, sin dejar de remover, alternándolos con la harina, el zumo de 1 limón, la ralladura de ½ limón, la leche y una pizca de sal.

Remueva hasta obtener una mezcla homogénea. Reparta la masa entre los moldes y hornee las rosquillas de 20 a 25 minutos.

Mientras, corte tiras de piel del limón restante y exprima el zumo. Viértalo en un cazo y agregue 100 ml de agua y el azúcar glas. Llévelo a ebullición a fuego medio para obtener un glaseado poco denso, que se pueda verter.

Cuando las rosquillas estén hechas, retírelas del horno, deje que se enfríen antes de desmoldarlas y ponga encima una fina capa del glaseado de limón. Decórelas con las tiras de piel de limón.

STAINLESS
STEEL

CIAMBELLONE MARMORIZZATO

ROSCÓN MARMOLADO

DIFICULTAD MEDIA

- Preparación: *30 minutos*
- Cocción: *30-35 minutos*
- Calorías por ración: *643*
- *Para 8 personas*

INGREDIENTES

- 300 g de mantequilla a punto de pomada, y un poco más para engrasar
- 300 g de azúcar
- 5 huevos, con las claras separadas de las yemas
- 350 g de harina
- 1 cdta. de levadura en polvo
- la ralladura de 1 limón (sin cera)
- el zumo de ½ limón
- 2 cdas. de cacao en polvo amargo
- 2 cdas. de leche
- azúcar glas, para espolvorear
- sal

Precaliente el horno a 180 °C y engrase y enharine un molde de corona de 25 cm. Bata la mantequilla y el azúcar hasta obtener una mezcla ligera y cremosa. Añada los huevos, de uno en uno, batiendo bien entre uno y otro. Tamice la harina y la levadura en polvo sobre la mezcla y remueva hasta obtener una pasa homogénea.

Separe la masa en dos mitades. Agregue la ralladura y el zumo de limón en una de las mitades y la leche y el cacao en polvo amargo en la otra. Llene el molde de corona con la masa, alternando cucharadas de la masa de chocolate y de la de limón. Introduzca un palillo en la superficie de masa y trace líneas para difuminar los colores. Golpee la base del molde contra la superficie de trabajo y hornee el roscón de 30 a 35 minutos, o hasta que al pincharlo con un palillo salga limpio. Retírelo del horno y deje que se enfríe antes de desmoldarlo. Espolvoréelo con azúcar glas y sírvalo.

Consejo: Para ablandar la mantequilla rápidamente, lávese las manos, séqueselas y trabájela a mano para calentarla y ablandarla al mismo tiempo.

TORTA DI ALBICOCCHE

PASTEL DE ALBARICOQUE

FÁCIL

- Preparación: *35 minutos*
- Cocción: *1 hora*
- Calorías por ración: *509*
- *Para 8 personas*

INGREDIENTES

- 800 g de albaricoques
- 225 g de mantequilla
- 250 g de azúcar extrafino
- 4 huevos ligeramente batidos
- 475 g de harina
- 2 cdtas. de levadura en polvo
- 40 g de pistachos picados

Precaliente el horno a 190 °C. Forre un molde redondo de 23 cm con papel vegetal. Ponga los albaricoques en un bol, cúbralos con agua hirviendo, déjelos en remojo 15 segundos y escúrralos. Pélelos, córtelos por la mitad, deshuéselos y parta cada mitad en 2 trozos.

Bata la mantequilla y el azúcar en un bol aparte hasta obtener una mezcla cremosa e incorpore los huevos de uno en uno, sin dejar de batir. Tamice la harina y la levadura sobre la mezcla, remueva y eche los albaricoques.

Pase la masa al molde preparado, esparza los pistachos y hornee la tarta 1 hora aproximadamente, hasta que suba y se dore. Déjela reposar 5 minutos en el molde antes de pasarla a una rejilla metálica para que se enfríe.

TORTA CAPOVOLTA DI BANANE

TARTA TATIN DE PLÁTANO

FÁCIL

- Preparación: *25 minutos*
- Cocción: *40 minutos*
- Calorías por ración: *371*
- *Para 8 personas*

INGREDIENTES

- 60 g de mantequilla, y un poco más para engrasar
- 5 plátanos
- 1 cda. de azúcar moreno
- 75 ml de Grand Marnier
- 150 g de chocolate negro
- azúcar glas, para espolvorear
- ½ ración de pastaflora (véase pág. 105)

Precaliente el horno a 200 °C y engrase un molde redondo de 20 cm con mantequilla. Pele los plátanos y córtelos por la mitad a lo largo. Derrita la mitad de la mantequilla con el azúcar moreno en una sartén a fuego medio y añada los plátanos. Manténgalos en el fuego hasta que se doren, rocíelos con el licor y deje que se evapore. Retírelos del fuego y resérvelos.

Funda el chocolate en un bol refractario colocado sobre una cazuela de agua hirviendo a fuego lento y añada la mantequilla restante sin dejar de remover. Espolvoree el molde con azúcar glas y coloque los plátanos con los extremos en el centro, en forma de flor. Rocíelos con el chocolate derretido, reservando una cucharada para adornar.

Extienda la pastaflora sobre una superficie de trabajo ligeramente enharinada, forme un círculo cuyo diámetro sea, como mínimo, 2 cm mayor que el del molde y cubra los plátanos con él. Doble el borde de la masa para que los plátanos queden bien cubiertos. Hornee la tarta unos 30 minutos.

Retírela del horno y déjela reposar 5 minutos antes de desmoldarla sobre una fuente. Decórela con el chocolate derretido reservado y sírvala caliente o templada.

Consejo: Al verter el chocolate sobre los plátanos, asegúrese de que no llega hasta el fondo del molde. Podría quemarse con el calor intenso del horno.

PLUM-CAKE ALLE NOCCIOLE

PLUM CAKE DE CHOCOLATE Y AVELLANAS

FÁCIL

- Preparación: *20 minutos*
- Cocción: *40 minutos*
- Calorías por ración: *376*
- *Para 4 personas*

INGREDIENTES

- 100 g de avellanas
- 6 claras de huevo
- 150 g de azúcar
- 50 g de cacao en polvo amargo, tamizado
- azúcar glas, para espolvorear
- sal

Precaliente el horno a 180 °C. Engrase y enharine un molde de *plum cake*. Tueste las avellanas en el horno y frótelas con un trapo de cocina áspero para pelarlas. Déjelas enfriar. Baje el horno a 140 °C.

Monte las claras a punto de nieve con una pizca de sal en un bol grande e incorpore el azúcar poco a poco sin dejar de batir.

Pique las avellanas finas e incorpórelas a las claras junto con el cacao en polvo. Remueva con suavidad. Pase la mezcla al molde y hornee el *plum cake* 40 minutos. Retírelo, deje que se enfríe un poco y desmóldelo en una fuente. Espolvoréelo con azúcar glas, córtelo en tiras y sírvalo.

TORTINE ALLA CREMA DI CIOCCOLATO

MAGDALENAS DE NATILLAS DE CHOCOLATE

FÁCIL

- Preparación: *15 minutos*
- Cocción: *25 minutos*
- Calorías por unidad: *277*
- *Para 12 unidades*

INGREDIENTES

- 100 g de almendras sin piel, picadas finas
- 200 g de harina
- 1½ cdtas. de levadura en polvo
- 250 g de yogur natural
- 6 cdas. de aceite
- 100 g de azúcar
- 2 huevos
- unas gotas de extracto de vainilla
- 100 g de natillas de chocolate preparadas espesas

Precaliente el horno a 180 °C y disponga moldes de papel individuales en las cavidades de un molde para magdalenas de 12 unidades.

Ponga las almendral, la harina y la levadura en un bol. Añada el yogur, el aceite, el azúcar y el extracto de vainilla y remueva hasta obtener una mezcla homogénea.

Ponga un poco de masa en cada molde, añada una cucharadita colmada de natillas de chocolate y cúbralas con otra capa de masa hasta llenar tres cuartas partes de cada molde. Hornee las magdalenas 25 minutos. Retírelas del horno y déjelas enfriar antes de servirlas.

CIAMBELLA AL CIOCCOLATO

ROSCÓN DE MOCA CON RON

FÁCIL

- Preparación: *20 minutos*
- Cocción: *40 minutos*
- Calorías por ración: *587-470*
- *Para 8-10 personas*

INGREDIENTES

- 370 g de azúcar
- 200 g de harina
- 1½ cdtas. de levadura en polvo
- 4 cdas. de cacao en polvo amargo, y un poco más para espolvorear
- 4 cdas. de café instantáneo
- 1 cdta. de bicarbonato de sodio
- 300 ml de aceite
- 125 g de yogur natural
- 3 cdas. de ron
- 3 huevos
- azúcar glas, para espolvorear
- sal

Precaliente el horno a 200 °C. Engrase y enharine un molde de corona. Ponga el azúcar, la harina, la levadura, el cacao en polvo, el café, el bicarbonato y una pizca de sal en un robot de cocina y tritúrelos. Añada el aceite, el yogur y el ron. Vuelva a batir la mezcla, agregue los huevos, de uno en uno, y bata hasta obtener una masa homogénea. Viértala en el molde.

Hornee el roscón 40 minutos. Déjelo que se enfríe por completo y desmóldelo. Espolvoréelo con cacao y azúcar glas, córtelo en porciones y sírvalo.

PLUM-CAKE DI RISO

PLUM CAKE CON FRUTOS SECOS Y CHOCOLATE

DIFICULTAD MEDIA

- Preparación: 40 minutos
- Cocción: *1 hora*
- Calorías por ración: *360*
- *Para 8 personas*

INGREDIENTES

- harina, para espolvorear
- 80 g de pasas sultanas
- 2 cdas. de ron
- 500 ml de leche
- 150 g de arroz de grano corto
- 50 g de mantequilla a punto de pomada cortada en trozos pequeños, y un poco más para engrasar
- 3 huevos, con las claras separadas de las yemas
- 100 g de azúcar
- 40 g de nueces sin piel, picadas finas
- 50 g de chocolate negro, picado fino
- 40 g de piel de naranja confitada, picada fina
- sal

Precaliente el horno a 180 °C. Engrase un molde de *plum cake* con un poco de mantequilla y enharínelo. Lave las pasas sultanas y déjelas en remojo en el ron en un bol.

Ponga la leche en una cazuela de fondo grueso con el arroz, llévelo despacio a ebullición a fuego medio-bajo y cuézalo unos 30 minutos. Retírelo del fuego y deje que se enfríe hasta que esté templado. Bátalo con una batidora hasta obtener una mezcla homogénea.

Pase la mezcla de arroz a un bol y añada la mantequilla, las yemas y el azúcar. Incorpore las nueces, el chocolate, la piel de naranja confitada y las pasas empapadas en ron y remueva bien.

Monte las claras a punto de nieve con una pizca de sal en un bol aparte e incorpórelas a la masa.

Pase la masa al molde con una cuchara. Golpee la base contra una superficie de trabajo para eliminar las posibles bolsas de aire y hornee el *plum cake* 1 hora. Deje que se enfríe, desmóldelo y sírvalo.

TORTINI CON ANICE E PINOLI

MAGDALENAS DE ANÍS Y PIÑONES

FÁCIL

- Preparación: *15 minutos*
- Cocción: *20 minutos*
- Calorías por unidad: *229*
- *Para 12 unidades*

INGREDIENTES

- mantequilla, para engrasar
- 250 g de harina
- 1 cdta. de levadura en polvo
- 3 cdtas. de anís molido
- 100 g de piñones picados
- 2 huevos ligeramente batidos
- 100 g de azúcar
- 80 ml de aceite vegetal
- 300 ml de leche
- el zumo de 1 limón colado
- 2 cdas. de azúcar glas

Precaliente el horno a 180 °C y engrase un molde para magdalenas de 12 unidades con mantequilla. Tamice la harina en un bol con la levadura, añada 2 cucharaditas de anís y los piñones y, a continuación, los huevos, el azúcar, el aceite y la leche sin dejar de remover. Pase la mezcla al molde y hornee las magdalenas 20 minutos.

Mientras, prepare el glaseado. Ponga el zumo de limón 1 cucharadita de anís y el azúcar glas en un bol y remuévalos bien.

Retire las magdalenas del horno, deje que se enfríen hasta que estén templadas, úntelas con el glaseado de limón y sírvalas.

Consejo: Para moler las semillas de anís puede majarlas en un mortero o utilizar un molinillo de especias con 1 cucharada de azúcar.

TARTAS

PASO 1

PASO 2

PASO 3

PASO 4

TÉCNICA

PASTA FROLLA CLASSICA

PASTAFLORA

FÁCIL

- Preparación: *5 minutos*
  + 30 minutos para enfriar
- Cocción: *varía según la receta*
- Calorías por ración: *330*
- *Para 450 g*

INGREDIENTES

- 300 g de harina
- 1 vaina de vainilla
- 80 g de azúcar
- 150 g de mantequilla fría
- 1 huevo y 2 yemas de huevo
- sal

PASO 1
Introduzca la harina en un robot de cocina. Corte la vaina de vainilla a lo largo. Retire las semillas con un cuchillo pequeño y añádalas a la harina junto con el azúcar, una pizca de sal y la mantequilla. (Para una pastaflora de chocolate, añada cacao en polvo amargo, tamizado, con el azúcar.)

PASO 2
Tritúrelo hasta obtener una mezcla arenosa, añada el huevo y las yemas de huevo y siga batiendo hasta que se forme una bola de masa.

PASO 3
Envuélvala en film transparente y refrigérela 30 minutos como mínimo.

PASO 4
Utilice la masa conforme a las indicaciones de la receta.

Consejo: Añada la mantequilla fría recién sacada del frigorífico y deje de remover en cuanto los ingredientes se mezclen. Respete siempre los tiempos de reposo indicados. La masa se puede guardar en el congelador.

CROSTATA DI FRUTTA

TARTA DE FRUTAS

DIFICULTAD MEDIA

- Preparación: *25 minutos*
- Cocción: *30 minutos*
- Calorías por ración: *540*
- *Para 8 personas*

INGREDIENTES

- mantequilla, para engrasar
- ½ ración de pastaflora (véase pág. 105)
- harina, para espolvorear
- 2½ cdtas. de gelatina en polvo
- 300 ml de nata espesa
- 100 g de crema de limón
- azúcar glas, para espolvorear
- 1 plátano
- el zumo de ½ limón
- 2 kiwis
- 150 g de fresas
- 175 g de frambuesas

Precaliente el horno a 200 °C y engrase un molde para tartas de 22 cm con mantequilla. Extienda la pastaflora sobre una superficie de trabajo ligeramente enharinada. Forme una lámina de 3 mm de grosor y forre el interior del molde con ella. Lave una hoja de papel vegetal con agua y escúrrala. Pinche la base de la masa con un tenedor, cúbrala con el papel vegetal y esparza bolitas de cerámica por encima.

Hornéela 20 minutos. Retire el papel y las bolitas y hornéela 5 minutos más. Deje que se enfríe y pásela a una rejilla metálica.

Deje la gelatina en remojo en 50 ml de agua fría unos minutos. Monte la nata a punto de nieve en un bol y resérvela. Derrita la gelatina en un cazo a fuego lento e incorpore la crema de limón y la mitad de la nata montada, sin dejar de remover. Añada la nata restante mientras remueve con suavidad con un movimiento en espiral. Vierta el relleno en la base de la tarta y extiéndalo de manera uniforme con una cuchara.

Prepare la fruta. Corte el plátano en rodajas y báñelo en zumo de limón. Pele y corte el kiwi en rodajas. Limpie las fresas y córtelas en cuartos. Decore la tarta con las frambuesas y el azúcar glas y sírvala.

Consejo: Si lo prefiere, puede bañar la fruta con un poco de confitura en vez de espolvorearla con azúcar glas. Ponga una cucharada colmada de mermelada de albaricoque en un cazo, añada 2 cucharadas de zumo de naranja o limón, deje que se derrita a fuego muy lento y unte la fruta con ella.

TARTELETTE AL LIMONE E KIWI

TARTALETAS DE LIMÓN Y KIWI

FÁCIL

- Preparación: *20 minutos*
- Cocción: *10-12 minutos*
- Calorías por ración: *317*
- *Para 6 personas*

INGREDIENTES

- mantequilla, para engrasar
- harina, para espolvorear
- ⅓ de ración de pastaflora (véase pág. 105)
- 250 ml de leche
- 3 yemas de huevo
- 125 g de azúcar
- 3 cdas. de harina de patata
- 2 limones
- 2 kiwis maduros, en rodajas

Precaliente el horno a 180 °C. Engrase y enharine 6 moldes acanalados para tartaletas. Divida la pastaflora en 6 partes iguales. Extiéndalas sobre una superficie de trabajo ligeramente enharinada, no demasiado finas, y forre los moldes para tartaletas con ellas. Hornéelas de 10 a 12 minutos.

Mientras, vierta la leche en un cazo, llévela a ebullición y retire el cazo del fuego. Ponga las yemas en un bol con el azúcar, bátalas con una batidora y añada la harina de patata y la ralladura de 1 limón. Siga batiendo mientras vierte la leche caliente en un hilo. Vuelva a poner la mezcla en el cazo. Cuézala a fuego lento, removiendo constantemente, hasta que espese.

Retire la mezcla del fuego y siga removiendo mientras añade el zumo de los 2 limones. Deje que se enfríe y rellene las tartaletas con la crema de limón obtenida con una cuchara. Decórelas con el kiwi y sírvalas.

CROSTATA DI PASTA FROLLA CON RICOTTA E LAMPONI

TARTA DE RICOTA Y FRAMBUESA

FÁCIL

- Preparación: *25 minutos*
- Cocción: *45 minutos*
- Calorías por ración: *582*
- *Para 8 personas*

INGREDIENTES

- mantequilla, para engrasar
- harina, para espolvorear
- ⅔ de ración de pastaflora (véase pág. 105)
- 600 g de ricota
- 1 huevo y 2 yemas de huevo
- 200 g de azúcar
- 300 g de frambuesas
- azúcar glas, para espolvorear
- sal

Precaliente el horno a 180 °C. Engrase y enharine un molde para tartas acanalado de 25 cm. Extienda la pastaflora sobre una superficie de trabajo ligeramente enharinada y forre el molde con ella.

Bata la ricota en un bol hasta obtener una crema e incorpore el huevo seguido de las yemas, de una en una, el azúcar y una pizca de sal. Ponga el relleno en la base de la tarta, alisándolo sin aplastarlo. Hornee la tarta 45 minutos. Retírela del horno, deje que se enfríe y adórnela con las frambuesas. Espolvoréela con azúcar glas y sírvala templada.

Consejo: Para pasar la pasta a una bandeja de horno con facilidad, estírela directamente sobre papel vegetal y forre la bandeja con ambos.

CROSTATA ALL'ARANCIA

TARTA DE NARANJA

FÁCIL

- Preparación: *15 minutos*
- Cocción: *30 minutos*
- Calorías por ración: *453*
- *Para 8 personas*

INGREDIENTES

- ⅔ de ración de pastaflora (véase pág. 105)
- harina, para espolvorear
- 100 g de almendras laminadas
- 2 huevos
- 100 g de azúcar extrafino
- la ralladura de 1 naranja, el zumo colado de 2 naranjas (sin cera) y 1 naranja entera (sin cera)
- 60 g de mantequilla
- azúcar glas, para espolvorear

Precaliente el horno a 190 °C y forre un molde redondo acanalado de 25 cm con papel vegetal. Estire la pastaflora sobre una superficie de trabajo ligeramente enharinada hasta obtener un círculo, utilícelo para forrar la base y los lados del molde y esparza las almendras laminadas sobre la base.

Bata los huevos y el azúcar extrafino en un bol refractario grande hasta obtener una mezcla pálida y esponjosa. Añada la ralladura y el zumo de naranja. Coloque el bol sobre una olla de agua hirviendo y bata hasta que la mezcla aumente su tamaño y espese lo suficiente como para pegarse al dorso de una cuchara. Retire del fuego e incorpore la mantequilla derretida.

Deje que el relleno se enfríe. Corte la naranja restante, sin pelarla, en rodajas del grosor de una oblea, espolvoréela con azúcar glas y resérvela. Ponga el relleno en la base de la tarta con una cuchara, alíselo y cúbralo con las rodajas de naranja. Hornee la tarta 25 minutos. Retírela del horno, déjela reposar unos minutos y pásela a una fuente de servir.

CROSTATA AI FRUTTI DI BOSCO

TARTA DE FRUTOS DEL BOSQUE

FÁCIL

- Preparación: *15 minutos*
+ *30 minutos para reposar*
- Cocción: *10-15 minutos*
- Calorías por ración: *298*
- *Para 8 personas*

INGREDIENTES

- 175 g de frambuesas
- 150 g de moras
- 120 g de fresas sin pedúnculo, en rodajas
- ⅔ de ración de pastaflora (véase pág. 105)
- harina, para espolvorear
- 100 g de mermelada de arándanos
- azúcar glas, para espolvorear

Precaliente el horno a 180 °C y forre un molde redondo de 25 cm con papel vegetal. Lave los frutos del bosque y séquelos con papel de cocina.

Estire la pastaflora sobre una superficie de trabajo ligeramente enharinada, forme un círculo y utilícelo para forrar la base y los lados del molde. Cúbrala con papel vegetal humedecido y secado previamente, esparza las bolitas de cerámica y hornéela de 10 a 15 minutos. Retire y deseche el papel vegetal y las bolitas. Pase la base de la tarta a una fuente y extienda una fina capa de mermelada de arándanos sobre la base.

Disponga las moras en 3 filas verticales sobre la mermelada, las frambuesas en 3 filas horizontales y las fresas en los huecos. Espolvoree la tarta con azúcar glas y sírvala.

CROSTATA D'ALBICOCCHE

TARTA DE ALBARICOQUE

FÁCIL

- Preparación: *10 minutos*
- Cocción: 20-*25 minutos*
- Calorías por ración: *317*
- *Para 6 personas*

INGREDIENTES

- 10 medios albaricoques en almíbar
- ⅔ de ración de pastaflora (véase pág. 105)
- harina, para espolvorear
- 4 bizcochos
- 100 g de mermelada de albaricoque

Precaliente el horno a 180 °C y forre un molde redondo de 25 cm con papel vegetal. Mientras, escurra el almíbar de los albaricoques y termine de escurrirlos en un colador.

Estire la pastaflora sobre una superficie de trabajo ligeramente enharinada, forme un círculo y utilícelo para forrar la base y los lados del molde sin apretarlo demasiado. Desmenuce los bizcochos sobre la base.

Caliente la mermelada de albaricoque en un cazo a fuego lento y extiéndala sobre el bizcocho. Coloque los albaricoques encima, en círculos concéntricos. Hornee la tarta de 20 a 25 minutos. Retírela del horno, espere unos minutos y pásela a una fuente.

Consejo: Los bizcochos se pueden reemplazar por 4 o 5 galletas desmenuzadas o, si prefiere un sabor diferente, por 4 rebanadas de pan de especias triturado en un robot de cocina.

TORTINE CIOCCO-COCCO

TARTALETAS DE CHOCOLATE Y COCO

DIFICULTAD MEDIA

- Preparación: *40 minutos*
- Cocción: *20 minutos*
- Calorías por unidad: *312*
- *Para 12 unidades*

INGREDIENTES

- harina, para espolvorear
- 150 g de mantequilla, y un poco más para engrasar
- ⅔ de ración de pastaflora (véase pág. 105)
- 150 g de coco seco rallado
- 4 huevos ligeramente batidos
- 150 g de azúcar
- 100 g de chocolate negro picado
- 4 cdas. de nata espesa

Precaliente el horno a 180 °C. Engrase y enharine un molde para magdalenas de 12 unidades. Extienda la pastaflora sobre una superficie de trabajo ligeramente enharinada, forme 12 círculos y utilícelos para forrar el molde.

Derrita la mantequilla a fuego lento en un cazo. Añada el coco rallado, los huevos y el azúcar y mézclelos bien. Pase la masa a los moldes y hornéelos 20 minutos.

Mientras, ponga el chocolate y la nata en una olla para baño María o en un bol refractario colocado sobre una olla con agua hirviendo a fuego lento y derrítalo hasta que quede fino y bastante espeso. Retire las tartaletas de coco del horno. Vierta crema de chocolate caliente encima y deje que cuaje por completo. Se pueden conservar en el frigorífico, pero hay que sacarlas con tiempo para servirlas a temperatura ambiente.

Consejo: También se puede utilizar coco recién rallado. Haga 2 pequeños agujeros en las 3 marcas oscuras de la cáscara, escurra el líquido y hornee el coco 20 minutos a 180 °C. Deje que se enfríe y ábralo. La pulpa de coco se separará con facilidad y estará lista para rallar.

CROSTATA DI LIME AI PINOLI

TARTA DE LIMA Y PIÑONES

FÁCIL

- Preparación: *20 minutos + 1-2 horas para enfriar*
- Cocción: *30 minutos*
- Calorías por ración: *584*
- *Para 4 personas*

INGREDIENTES

- 60 g de mantequilla, derretida, y un poco más para engrasar
- 150 g de galletas graham o digestive
- 3 yemas de huevo
- 300 ml de leche evaporada
- 2 limas
- 60 g de piñones
- 250 ml de nata espesa

Precaliente el horno a 180 °C y engrase un molde redondo de 20 cm con mantequilla. Triture las galletas en un robot de cocina. Vierta la mantequilla derretida poco a poco sobre las galletas desmenuzadas mientras sigue triturándolas. Extienda la mezcla sobre la base del molde, presionándolo con fuerza y asegurándose de que queda uniforme. Refrigérelo 1 o 2 horas hasta que quede consistente.

Bata las yemas, la leche evaporada, un poco de ralladura de 1 lima y el zumo de las 2 limas en un robot de cocina. Añada los piñones, remueva y pase la mezcla al molde.

Hornee la tarta 20 minutos. Retírela del horno, deje que se enfríe y refrigérela hasta el momento de servir. Justo antes de servirla, vierta la nata en un bol y móntela a punto de nieve. Extiéndala por encima y decórela con un poco de ralladura de lima.

CROSTATA DI FRAGOLE ALLO ZABAGLIONE

TARTA DE FRESAS CON SABAYÓN

FÁCIL

- Preparación: *1 hora*
- Cocción: *55 minutos*
- Calorías por ración: *371*
- *Para 6 personas*

INGREDIENTES

- harina, para espolvorear
- mantequilla, para engrasar
- ½ ración de pastaflora (véase pág. 105)
- 400 g de fresas sin pedúnculo, en cuartos
- 150 ml de vino de Marsala
- 60 g de azúcar
- 8 bizcochos
- 2 yemas de huevo
- azúcar glas, para espolvorear

Precaliente el horno a 180°C y engrase y enharine un molde para tartas acanalado de 25 cm. Estire la pastaflora sobre una superficie de trabajo ligeramente enharinada, forme un círculo y utilícelo para forrar la base y los lados del molde. Pinche la base con un tenedor, cúbrala con papel vegetal y esparza bolitas de cerámica por la superficie. Hornee la masa 10 minutos.

Mientras, mezcle las fresas con el vino y 1 cucharada del azúcar en un bol y déjelas en reposo. Retire la base de la tarta del horno, deseche el papel y las bolitas y hornéela 10 minutos más. Retírela y deje que se enfríe. Pique los bizcochos finos y espárzalos de manera uniforme sobre la base de la tarta.

Coloque las fresas sobre los bizcochos desmenuzados, reservando el vino.

Para preparar el sabayón, bata las yemas de huevo con el azúcar restante en una olla para baño María (o un bol refractario colocado sobre una olla de agua hirviendo) a fuego lento hasta obtener una mezcla pálida y espumosa; no deje que hierva, o se cortará. Añada el vino reservado poco a poco y siga batiendo hasta que la mezcla espese lo suficiente como para pegarse al dorso de una cuchara. Retírela del fuego y deje que se enfríe.

Precaliente el gratinador. Coloque el sabayón sobre las fresas, espolvoréelo con azúcar glas y gratine la tarta 10 minutos como máximo, sin quemarla, hasta que se dore ligeramente. Sírvala templada.

TARTELETTE ALLE PRUGNE E FORMAGGIO

TARTALETAS DE CIRUELA Y QUESO

FÁCIL

- Preparación: *20 minutos*
- Cocción: *30 minutos*
- Calorías por unidad: *457*
- *Para 4 unidades*

INGREDIENTES

- mantequilla, para engrasar
- harina, para espolvorear
- ⅓ de ración de pastaflora (véase pág. 105)
- 3 huevos
- 1 cda. de nata espesa
- 90 g de queso cremoso
- 90 g de azúcar
- unas gotas de extracto de vainilla
- 3 ciruelas pequeñas deshuesadas y cortadas en trozos

Precaliente el horno a 180 °C. Engrase y enharine 4 moldes individuales para tartaletas. Divida la masa en 4 trozos iguales. Extiéndalos sobre una superficie de trabajo ligeramente enharinada y utilícelos para forrar los moldes. Cubra cada uno con un cuadrado de papel vegetal que previamente habrá humedecido, escurrido y secado y rellénelos con bolitas de cerámica. Hornéelos de 8 a 10 minutos.

Mientras, introduzca los huevos, la nata, el queso, el azúcar y la vainilla en un robot de cocina. Bátalos hasta obtener una mezcla fina. Añada las ciruelas y vuelva a batir. Cuando la mezcla sea homogénea, repártala entre las tartaletas y hornéelas 20 minutos más. Deje que se enfríen un poco y sírvalas templadas.

CROSTATA AL FORMAGGIO

TARTA DE QUESO CREMOSO

DIFICULTAD MEDIA

- Preparación: *30 minutos + 30 minutos para enfriar*
- Cocción: 45-*50 minutos*
- Calorías por ración: *480*
- *Para 6 personas*

INGREDIENTES

- 50 g de mantequilla a punto de pomada, y un poco más para engrasar
- ½ ración de pastaflora (véase pág. 105)
- harina, para espolvorear
- 2 cdas. de pasas
- 350 g de queso cremoso
- 100 g de azúcar
- 2 huevos
- 2 cdas. de nata líquida
- 1 cdta. de canela molida
- 1 cdta. de ralladura de limón
- azúcar glas, para espolvorear

Precaliente el horno a 180 °C y engrase un molde rectangular de 10 x 25 cm con mantequilla. Estire la masa sobre una superficie de trabajo ligeramente enharinada hasta obtener una lámina de 6 mm de grosor, forre el molde con ella y refrigérela 30 minutos. Mientras, deje las pasas en remojo en agua templada.

Pinche la base de la masa con un tenedor, cúbrala con papel de aluminio y esparza bolitas de cerámica por la superficie. Hornéela 10 minutos. Retírela del horno, deseche el papel de aluminio y hornéela de 5 a 10 minutos más, hasta que se dore. Retírela y déjela enfriar. Baje la temperatura del horno a 160 °C.

Mientras, escurra las pasas apretándolas con suavidad. Bata la mantequilla, el queso cremoso y el azúcar e incorpore los huevos, de uno en uno, la nata, la canela, la ralladura de limón y las pasas.

Extienda el relleno sobre la masa, vuelva a meterla en el horno y hornéela 30 minutos, o hasta que el relleno quede consistente. Retire la tarta del horno y déjela enfriar. Espolvoréela con azúcar glas y esparza ralladura de limón por encima.

Consejo: Para no tener que hornear en blanco la masa, hornéela en la parte baja de un horno convencional para que el calor se concentre en la base del molde y se haga perfectamente, incluso con un relleno líquido.

CROSTATA RIPIENA DI CREMA E SPICCHI DI LIMONE

TARTA DE LIMÓN Y FRANCHIPÁN

DIFICULTAD MEDIA

- Preparación: *30 minutos + 12 horas para enfriar*
- Cocción: *40 minutos*
- Calorías por ración: *766*
- *Para 8 personas*

PARA LA MASA

- 3 huevos
- 2 cdtas. de azúcar
- 150 g de mantequilla a punto de pomada, y un poco más para engrasar
- 300 g de harina, y un poco más para espolvorear
- unas gotas de extracto de vainilla
- la ralladura de 1 limón

PARA LA CREMA INGLESA

- 125 g de mantequilla
- 125 g de almendra molida
- 2 huevos
- 125 g de azúcar glas

PARA LA CREMA PASTELERA

- 475 ml de leche
- 2 limones (sin cera)
- 1 vaina de vainilla
- 4 yemas de huevo
- 100 g de azúcar
- 3 cdas. de harina
- 3 cdas. de maicena

Para hacer la masa, bata 2 huevos con el azúcar y la mantequilla, añada la harina, el extracto de vainilla y la ralladura de limón y remueva hasta obtener una masa suave. Envuelva la masa con film transparente y refrigérela toda la noche.

Precaliente el horno a 200 °C. Engrase y enharine un molde redondo de 28 cm. Para preparar la crema de almendras, mezcle la mantequilla y las almendras en un robot de cocina a máxima velocidad; añada los huevos, de uno en uno, e incorpore el azúcar glas. Resérvela.

Prepare la crema pastelera. Lleve la leche a ebullición a fuego lento en una cazuela de fondo grueso con una tira de piel de limón y la vainilla. Remueva y reserve. Coloque las yemas y el azúcar en un bol refractario colocado sobre una olla con agua hirviendo. Bátalas hasta obtener una mezcla pálida y espumosa. Siga batiendo mientras tamiza, poco a poco, la harina y la maicena. Cuele la leche, vuelva a calentarla y viértala en un hilo sobre las yemas, removiendo. Cuézala 5 minutos. Retírela del fuego y deje que se enfríe.

Estire tres cuartas partes de la masa sobre una superficie ligeramente enharinada. Forme un círculo, colóquelo dentro del molde, cúbralo con papel de aluminio y esparza bolitas de cerámica. Hornéelo 10 minutos y baje la temperatura a 160 °C. Saque la base de la tarta del horno y retire las bolitas y el papel de aluminio.

Corte unos gajos de limón y ralle la piel. Mezcle la crema de almendras con la crema pastelera, la ralladura y los gajos de limón y rellene el molde con la mezcla. Pinte la superficie con el huevo restante, batido, y hornéela 25 minutos. Espolvoree la tarta con azúcar glas y sírvala templada.

CROSTATA AL CIOCCOLATO E LAMPONI

TARTA DE CHOCOLATE Y FRAMBUESAS

FÁCIL

- Preparación: *15 minutos*
- Cocción: *30 minutos*
- Calorías por ración: *735*
- *Para 6 personas*

INGREDIENTES

- 125 g de chocolate negro
- 2 huevos ligeramente batidos
- 75 ml de nata líquida
- ½ ración de pastaflora (véase pág. 105)
- harina, para espolvorear
- 125 g de frambuesas
- 80 g de azúcar glas

Precaliente el horno a 200 °C y forre un molde rectangular de 25 cm con papel vegetal. Desmenuce el chocolate y derrítalo, removiendo de vez en cuando, en una olla para baño María o en un bol refractario colocado sobre una olla con agua hirviendo a fuego lento. Retírelo del fuego. Añada los huevos y la nata y remueva con cuidado.

Mientras, estire la pastaflora sobre una superficie de trabajo ligeramente enharinada, utilícela para forrar la base y los lados del molde y pinche la base con un tenedor. Refrigérela 30 minutos.

Vierta el relleno de chocolate sobre la base de la tarta y hornéela 25 minutos. Retírela del horno, deje que se enfríe y coloque las frambuesas encima. Espolvoréela con azúcar glas, pásela a una fuente y sírvala.

CROSTATA DI PERE E CREMA DI MANDORLE

TARTA DE PERA Y FRANCHIPÁN

DIFICULTAD MEDIA

- Preparación: *15 minutos*
- Cocción: *40 minutos*
- Calorías por ración: *747*
- *Para 6 personas*

INGREDIENTES

- 4 peras Williams
- el zumo de 1 limón
- ⅔ de ración de pastaflora, (véase pág. 105)
- harina, para espolvorear
- 30 g de almendras laminadas
- 100 g de mermelada de albaricoque

PARA LA CREMA INGLESA

- 80 g de mantequilla
- 80 g de almendra molida
- 6 cdas. de azúcar
- 2 huevos
- 4 cdtas. de licor de pera

PARA EL ALMÍBAR

- 200 g de azúcar

Precaliente el horno a 200 °C y forre un molde redondo de 25 cm con papel vegetal.

Prepare el almíbar. Vierta 300 ml de agua en una cazuela de fondo grueso, añada el azúcar y cuézalo a fuego medio, removiendo, hasta que tenga la consistencia de un jarabe líquido.

Mientras, pele las peras, córtelas en cuartos, retire los corazones y rocíelas con un poco de zumo de limón. Sumérjalas en el almíbar hirviendo, añada el zumo de limón restante y cuézalas 5 minutos en el fuego.

Para preparar la crema inglesa, derrita la mantequilla en un cazo a fuego lento, o en una olla para baño María, y resérvela para que se enfríe un poco. Ponga la almendra, el azúcar y los huevos en un bol. Remueva y agregue la mantequilla derretida templada y el licor de pera. Escurra las peras y córtelas a lo largo en rodajas finas.

Estire la pastaflora sobre una superficie de trabajo ligeramente enharinada, forme un círculo y utilícelo para forrar la base y los lados del molde. Vierta la crema en el molde, coloque encima las rodajas de pera, en círculos, y esparza las almendras laminadas. Hornéela 25 minutos.

Caliente la mermelada de albaricoque en un cazo y viértala sobre la tarta caliente para glasearla. Sírvala templada o fría.

CROSTATA DI NOCI ALLO SCIROPPO D'ACERO

TARTA DE JARABE DE ARCE Y PACANAS

FÁCIL

- Preparación: *20 minutos*
- Cocción: *1 hora y 5 minutos*
- Calorías por ración: *570*
- *Para 6 personas*

INGREDIENTES

- mantequilla, para engrasar
- ½ ración de pastaflora (véase pág. 105)
- harina, para espolvorear
- 175 g de pacanas, y un poco más para adornar
- 2 huevos
- 30 g de mantequilla
- 120 ml de nata líquida
- 120 g de azúcar moreno
- 120 ml de jarabe de arce
- 75 ml de ron
- 1 cdta. de extracto de vainilla
- sal

Precaliente el horno a 180°C y engrase un molde para tartas acanalado de 25 cm con mantequilla. Estire la pastaflora sobre una superficie de trabajo ligeramente enharinada, forme un círculo y utilícelo para forrar la base y los lados del molde. Cubra la base con papel de aluminio, esparza bolitas de cerámica por encima y hornéela 10 minutos. Retírela del horno, deseche el papel de aluminio y las bolitas y hornéela de 5 a 10 minutos más.

Pique la mitad de las pacanas y reserve el resto enteras. Bata los huevos, las pacanas picadas, la mantequilla, la nata, el azúcar, el jarabe de arce, el ron, el extracto de vainilla y una pizca de sal en un robot de cocina a velocidad media. No lo bata demasiado, de lo contrario la mantequilla se cortará.

Vierta la mezcla sobre la base de la tarta, decórela con las pacanas restantes y hornéela 45 minutos.

CROSTATA DI PERE AL VINO ROSSO

TARTA DE PERA Y VINO TINTO

FÁCIL

- Preparación: *20 minutos*
- Cocción: *55 minutos-1 hora*
- Calorías por ración: *455*
- *Para 6 personas*

INGREDIENTES

- mantequilla, para engrasar
- harina, para espolvorear
- ½ ración de pastaflora (véase pág. 105)
- 4 peras
- 400 ml de vino tinto
- la ralladura de ½ limón (sin cera)
- 4½ cdas. de azúcar
- 4 clavos

Precaliente el horno a 180 °C. Engrase y enharine un molde para tartas acanalado de 23 cm. Estire la pastaflora sobre una superficie de trabajo ligeramente enharinada, forme un círculo y utilícelo para forrar la base y los lados del molde. Cubra la base con papel de aluminio, esparza bolitas de cerámica por encima y hornéela 15 minutos. Quite y deseche el papel de aluminio y las bolitas, hornee la masa de 5 a 10 minutos más, retírela del horno y deje que se enfríe.

Mientras, pele las peras y colóquelas en una cazuela. Vierta encima el vino, la ralladura de limón, el azúcar y los clavos y 200 ml de agua. Tápelas y cuézalas 30 minutos a fuego lento. Cuando estén cocidas, sáquelas con cuidado y deje que se enfríen.

Lleve el líquido de cocción a ebullición, redúzcalo hasta obtener un jarabe y cuélelo. Corte las peras en rodajas finas y colóquelas sobre la base de la tarta, comenzando por el borde, de forma que se desplieguen en círculo desde el centro. Rocíe la tarta con 2 o 3 cucharadas del jarabe de vino y sírvala.

CROSTATINE MERINGATE AL LIMONE

TARTALETAS DE LIMÓN Y MERENGUE

DIFICULTAD MEDIA

- Preparación: *15 minutos*
- Cocción: *20 minutos*
- Calorías por unidad: *390*
- *Para 12 unidades*

INGREDIENTES

- 4 limones (sin cera)
- 3 huevos y 2 yemas de huevo
- 200 g de azúcar, y 1 cda. extra
- 100 g de mantequilla a punto de pomada, cortada en trozos
- harina, para espolvorear
- ⅓ de ración de pastaflora (véase pág. 105)
- 100 g de azúcar extrafino

Precaliente el horno a 180 °C. Corte 12 cuadrados de papel vegetal, humedézcalos, escúrralos para secarlos y utilícelos para forrar 12 moldes para tartaletas de 6 cm.

Exprima 3 limones y mida 120 ml de zumo. Separe 2 huevos y reserve las claras. Ponga 4 yemas, un huevo entero, el azúcar y la mantequilla en una cazuela de fondo grueso y cuézalos 10 minutos a fuego lento, removiendo constantemente, hasta que llegue a ebullición y espese. Vierta la crema de limón en un bol y enfríela rápidamente sumergiendo parte del recipiente en agua fría.

Estire la pastaflora sobre una superficie de trabajo ligeramente enharinada hasta obtener una lámina de 3 mm de grosor. Forre los moldes preparados con la masa, esparza bolitas de cerámica por encima y hornéelos 10 minutos. Retire el papel vegetal y las bolitas y hornéelos 2 o 3 minutos más o hasta que se doren.

Deje que se los moldes de pasta enfríen, rellénelos con la crema de limón y refrigérelos. Precaliente el horno al máximo. Bata las 2 claras de huevo reservadas y el azúcar extrafino hasta obtener un merengue brillante y firme con picos rígidos. Échelo sobre la crema de limón con una manga pastelera o una cuchara hasta cubrirla por completo. Hornee las tartaletas 2 o 3 minutos, hasta que el merengue cambie de color. Deje que se enfríen por completo antes de servirlas.

Consejo: Los moldes de pasta y la crema de limón se pueden preparar con 24 o 48 horas de antelación, pero es mejor montar las tartaletas y preparar el merengue justo antes de servir.

CROSTATA CON GANACHE AL CIOCCOLATO

TARTA DE GANACHE DE CHOCOLATE

DIFICULTAD MEDIA

- Preparación: *25 minutos + 2 horas para enfriar*
- Cocción: *20 minutos*
- Calorías por ración: *420*
- *Para 8 personas*

INGREDIENTES

- 200 g de chocolate negro, picado fino
- 250 ml de nata espesa
- 20 g de mantequilla, cortada en trocitos
- ½ ración de pastaflora (véase pág. 105)
- cacao en polvo amargo, para espolvorear

Precaliente el horno a 180 °C. Ponga el chocolate y la nata en una olla para baño María o en un bol refractario colocado sobre una olla con agua hirviendo a fuego lento hasta que se derrita el chocolate. Remueva bien. Añada la mantequilla y siga removiendo hasta que se derrita.

Estire la pastaflora entre 2 hojas de papel vegetal hasta obtener una lámina de 3 mm de grosor.

Deseche el papel y forre un molde de 20 cm con la masa. Corte la masa sobrante, pinche la base con un tenedor y cúbrala con papel vegetal humedecido y escurrido previamente. Esparza bolitas de cerámica por encima y hornéela unos 15 minutos. Retire el papel y las bolitas y hornéela otros 5 o 6 minutos.

Deje enfriar la base de la tarta, rellénela con la ganache preparada y refrigérela 2 horas como mínimo. Espolvoréela con abundante cacao en polvo tamizado y sírvala.

Consejo: Aromatice la ganache añadiendo una cucharadita colmada de canela molida a la mezcla de chocolate y nata antes de derretirlos; o, si lo prefiere, añada una cucharadita de café instantáneo, ralladura de naranja o una pizca de guindilla molida.

MASAS RELLENAS

PASO 1

PASO 2

PASO 3

PASO 4

TÉCNICA

CROSTATA A INCROCIO CON MARMELLATA

TARTA DE MERMELADA

FÁCIL

- Preparación: *20 minutos + 30 minutos para enfriar*
- Cocción: *30 minutos*
- Calorías por ración: *560*
- *Para 6 personas*

INGREDIENTES

- mantequilla, para engrasar
- 1 ración de pastaflora (véase pág. 105)
- harina, para espolvorear
- el zumo de ½ limón, colado
- 350 g de mermelada de fresa
- leche, para untar
- azúcar glas, para espolvorear

PASO 1

Precaliente el horno a 180 °C y engrase con mantequilla un molde para tartas acanalado de 20 cm de base extraíble. Reserve un tercio de la pastaflora y estire el resto sobre una superficie de trabajo ligeramente enharinada hasta obtener una lámina de 5 mm de grosor. Colóquela sobre el molde Presione el fondo y los lados con firmeza y corte la masa que sobresalga con un cuchillo pequeño y afilado. Pinche la base con un tenedor y refrigérela 30 minutos.

PASO 2

Estire la masa reservada y los recortes sobre una hoja de papel vegetal hasta obtener una lámina de 3 mm de grosor. Corte tiras de 1 cm de ancho con un cortapastas estriado. Enfríe el papel y la masa 5 minutos en el congelador.

PASO 3

Mezcle el zumo de limón con la mermelada y rellene la base de la tarta con la mezcla. Saque las tiras de masa del congelador y colóquelas sobre la mermelada formando una cuadrícula o un enrejado.

PASO 4

Recorte las tiras de masa y péguelas alrededor del borde de la base, presionándolas con un dedo, y unte la masa con leche. Hornéela unos 30 minutos. Deje que la tarta se enfríe un poco antes de pasarla a una rejilla metálica para que se enfríe por completo. Espolvoréela con un poco de azúcar glas y sírvala.

TORTA RIPIENA ALLE MELE

STRUDEL DE MANZANA

DIFICULTAD MEDIA

- Preparación: *20 minutos + 30 minutos para reposar*
- Cocción: *45 minutos*
- Calorías por ración: *486*
- *Para 8 personas*

PARA LA MASA

- 250 g de harina, y un poco más para espolvorear
- 100 g de mantequilla derretida y un poco más para engrasar
- 1 huevo
- 100 g de azúcar
- sal

PARA EL RELLENO

- 35 g de pasas
- 35 g de mantequilla a punto de pomada
- 2 huevos, con las claras separadas de las yemas
- 50 g de azúcar
- 100 ml de nata espesa
- 30 g de pan rallado
- 1 pizca de canela molida
- 50 g de uvas
- 2-3 manzanas, en rodajas muy finas
- 1 cda. de piñones
- 30 g de mantequilla derretida
- leche, para untar
- azúcar glas, para espolvorear

Tamice la harina sobre una superficie de trabajo limpia y forme un volcán con un hueco en el centro. Añada la mantequilla, el huevo, el agua, el azúcar, una pizca de sal y 6 cucharadas de agua en su interior. Vaya incorporándolos poco a poco a la harina hasta obtener una masa elástica y fina. Cúbrala y déjela enfriar 30 minutos. Mientras, deje las pasas en remojo en un bol de agua templada.

Precaliente el horno a 220 °C y engrase una bandeja de horno. Escurra las pasas y séquelas con papel de cocina. Bata la mantequilla, las yemas de huevo y el azúcar en un bol. Añada la nata, el pan rallado, las pasas, la canela y las uvas. Bata las claras a punto de nieve e incorpórelas.

Estire la masa sobre una superficie de trabajo ligeramente enharinada hasta obtener un rectángulo grande y fino y colóquelo sobre un trozo grande de film transparente espolvoreado con harina (para que sea más fácil enrollarla). Coloque el relleno sobre la masa y disponga la manzana y los piñones por encima. Enrolle la masa para obtener un cilindro grueso. Unte la parte superior con la mantequilla derretida y colóquelo en la bandeja preparada. Hornéelo unos 45 minutos. Cuando haya transcurrido la mitad del tiempo de cocción, unte el strudel con leche y baje la temperatura del horno a 180 °C. Retírelo del horno, páselo a una fuente y espolvoréelo con abundante azúcar glas.

CROSTATA DI RICOTTA

TARTA DE RICOTA

FÁCIL

- Preparación: *35 minutos*
  + 30 minutos para enfriar
- Cocción: *35-40 minutos*
- Calorías por ración: *631*
- *Para 8-10 personas*

PARA LA MASA

- 150 g de mantequilla a punto de pomada cortada en trozos pequeños, y un poco más para engrasar
- 300 g de harina
- 150 g de azúcar
- la ralladura de 1 limón (sin cera)
- 1 huevo y 2 yemas de huevo

PARA EL RELLENO

- 400 g de ricota
- 4 huevos
- ½ cda. de harina
- 80 g de azúcar
- 2 cdas. de pasas
- 2 cdas. de piñones
- 2 cdas. de piel de fruta confitada
- 1 pizca de canela molida
- la ralladura de 1 naranja (sin cera) y de 1 limón (sin cera)
- azúcar glas, para espolvorear
- sal

Precaliente el horno a 190 °C y engrase un molde de 25 cm con mantequilla.

Para preparar la masa, tamice la harina sobre una superficie de trabajo limpia y forme un volcán con un hueco en el centro. Eche el azúcar y la ralladura de limón, casque el huevo entero y añada las yemas y la mantequilla. Mézclelos poco a poco con los ingredientes secos con las manos hasta obtener una masa. Cúbrala con film transparente y refrigérela 30 minutos.

Mientras, prepare el relleno. Cuele la ricota sobre un bol, separe las claras y las yemas de 3 huevos (reservando las claras) y mezcle el queso con las yemas y los demás ingredientes.

Monte las claras a punto de nieve en un bol aparte e incorpórelas a la mezcla, removiendo. Estire la masa hasta formar 2 círculos, uno ligeramente más grande que el otro.

Coloque el círculo más grande dentro del molde preparado cubriendo los laterales y extienda el relleno de ricota sobre la base. Corte el otro círculo en tiras con un cortapastas estriado. Colóquelas sobre el relleno de ricota formando una cuadrícula y utilice los recortes para crear un borde alrededor de la tarta. Pinte la masa con el huevo batido y hornéela de 35 a 40 minutos. Retire la tarta del horno y pásela a una fuente para servir. Espolvoréela con azúcar glas.

CROSTATA DI CILIEGIE

TARTA DE CEREZAS

DIFICULTAD MEDIA

- Preparación: *20 minutos*
- Cocción: *30 minutos*
- Calorías por ración: *594*
- *Para 6 personas*

INGREDIENTES

- mantequilla, para engrasar
- harina, para espolvorear
- 1 ración de pastaflora (véase pág. 105)
- 350 g de mermelada de cerezas
- el zumo de ½ limón
- 1 yema de huevo ligeramente batida

Precaliente el horno a 180°C y engrase y enharine un molde para tartas acanalado de 25 cm. Reserve un tercio de la pastaflora para hacer tiras y estire el resto sobre una superficie de trabajo ligeramente enharinada hasta obtener un círculo fino. Forre la base y los lados del molde con el círculo de masa.

Mezcle la mermelada con el zumo de limón y rellene la base de la tarta. Estire la masa reservada, córtela en tiras y colóquelas sobre la parte superior formando una cuadrícula. Pinte la tarta con la yema de huevo y hornéela 30 minutos. Retírela del horno, deje que se enfríe y sírvala a temperatura ambiente.

TORTA ARROTOLATA ALL'ALSAZIANA

STRUDEL ALSACIANO

DIFICULTAD MEDIA

- Preparación: *45 minutos*
- Cocción: *45-50 minutos*
- Calorías por ración: *523*
- *Para 8 personas*

INGREDIENTES

- 60 g de mantequilla derretida, y un poco más para engrasar
- 4 manzanas
- 100 g de azúcar
- 400 g de ricota fresca
- 2 huevos y 1 huevo con la clara separada de la yema
- 500 g de masa de hojaldre preparada
- 50 g de semillas de amapola
- leche, para untar
- azúcar glas, para espolvorear

Precaliente el horno a 160 °C y engrase un molde rectangular hondo de 25 x 35 cm. Pele las manzanas, píquelas y póngalas en una cazuela de fondo grueso con la mitad del azúcar y 100 ml de agua. Cuézalas a fuego lento y resérvelas. Ponga el queso y los huevos enteros en un bol, remueva y añada las yemas y el azúcar restante. Monte las claras a punto de nieve. Bata bien la mezcla de queso y cuando esté espumosa, incorpore las claras y remueva.

Estire 2 láminas gruesas de masa de hojaldre más grandes que el molde y otras 2 más finas y del tamaño del molde. Fórrelo con una de las láminas gruesas y rocíela con mantequilla derretida.

Vierta la mezcla de queso en el molde forrado con masa. Cúbrala con una de las láminas finas, rocíela con mantequilla derretida y esparza la mitad de las semillas de amapola. Cúbrala con la otra lámina fina, rocíela con mantequilla derretida y reparta la manzana cocida encima. Cúbrala con la lámina gruesa restante y pellizque los bordes con cuidado para sellarlos. Úntelos con un poco de leche.

Hornee le strudel de 45 a 50 minutos. Retírelo del horno y páselo a una fuente. Espolvoréelo con azúcar glas y esparza las semillas de amapola restantes. Sírvalo templado.

TORTA RIPIENA CON RICOTTA E AMARENE

STRUDEL DE RICOTA Y CEREZAS

DIFICULTAD MEDIA

- Preparación: *30 minutos + 1 hora para reposar*
- Cocción: *45 minutos*
- Calorías por ración: *521-391*
- *Para 6-8 personas*

PARA LA MASA

- 250 g de harina, y un poco más para espolvorear
- 1 huevo
- 2 cdas. de aceite
- sal

PARA EL RELLENO

- 500 g de ricota
- 100 g de azúcar
- 3 huevos
- 1 pizca de canela molida
- 1 cda. de ralladura de limón
- 30 g de mantequilla derretida
- pan rallado, para espolvorear
- 3 o 4 cucharadas de cerezas en almíbar
- azúcar glas, para espolvorear

Para preparar la masa, tamice la harina sobre una superficie de trabajo limpia y forme un volcán con un hueco en el centro. Casque los huevos en su interior y eche el aceite y una pizca de sal. Remueva poco a poco desde el centro y amase hasta formar una masa elástica y fina. Añada un poco de agua templada si fuera necesario. Vierta agua hirviendo en un bol grande, déjelo 1 minuto, vacíelo, séquelo y colóquelo boca abajo sobre la masa. Déjelo reposar 1 hora.

Precaliente el horno a 180 °C y forre una bandeja de horno grande con papel vegetal humedecido. Prepare el relleno. Pase la ricota por un colador y échela en un bol. Añada el azúcar, los huevos, de uno en uno, la canela y la ralladura de limón y remueva hasta obtener una mezcla suave y homogénea. Extienda la masa sobre una superficie de trabajo ligeramente enharinada hasta obtener una lámina de 1 cm de grosor. Colóquela sobre un trapo de cocina grande y limpio.

Con las puntas de los dedos, estire la masa alrededor de los bordes con cuidado, sin romperla, para hacer un borde más fino. Unte la masa con parte de la mantequilla y esparza el pan rallado, dejando los bordes sin cubrir. Escurra las cerezas. Esparza la ricota en una cuarta parte de la masa y coloque las cerezas encima. Enrolle la masa con ayuda del trapo como si fuera un brazo de gitano.

Coloque el strudel en la bandeja preparada. Úntelo con mantequilla y hornéelo 40 minutos. Retírelo del horno, páselo a una fuente y espolvoréelo con azúcar glas.

CROSTATA DI MANDORLE

TARTA DE ALMENDRAS

FÁCIL

- Preparación: *20 minutos + 2-3 horas para enfriar*
- Cocción: *30 minutos*
- Calorías por ración: *706*
- *Para 8 personas*

PARA LA MASA

- 300 g de harina tamizada, y un poco más para espolvorear
- 150 g de azúcar
- 150 g de mantequilla, cortada en dados, y un poco más para engrasar
- 2 huevos
- la ralladura de 1 limón
- extracto de vainilla
- sal

PARA EL RELLENO

- 2 claras de huevo
- 300 g de almendras picadas
- 200 g de azúcar
- la ralladura de 1 limón (sin cera)

Introduzca la harina, el azúcar, la mantequilla y una pizca de sal en un robot de cocina y tritúrelos hasta obtener una mezcla arenosa. Añada los huevos, la ralladura de limón y la vainilla y bátalos hasta formar una bola de masa. Cúbrala con film transparente y refrigérela de 2 a 3 horas.

Precaliente el horno a 180 °C. Engrase y enharine un molde redondo de 20 cm. Extienda la masa sobre una superficie de trabajo ligeramente enharinada hasta obtener un círculo y forre el molde con él. Reserve los recortes para formar una cuadrícula de masa. Cubra la base con papel vegetal humedecido y secado previamente, esparza bolitas de cerámica por encima y hornéela unos 10 minutos. Baje la temperatura del horno a 160 °C.

Mientras, monte las claras a punto de nieve, incorpore las almendras, el azúcar y la ralladura de limón y remueva. Eche el relleno en la base de la tarta con una cuchara. Corte la masa reservada en tiras, forme una cuadrícula y hornee la tarta 20 minutos. Retírela del horno, deje que se enfríe y sírvala.

TORTA ARROTOLATA DI NOCI

STRUDEL DE NUECES

DIFICULTAD MEDIA

- Preparación: *30 minutos + 1 hora para reposar*
- Cocción: *30 minutos*
- Calorías por ración: *503*
- *Para 6 personas*

PARA LA MASA

- 250 g de harina, y un poco más para espolvorear
- 1 huevo
- 2 cdas. de aceite
- 1 yema de huevo batida con un poco de leche, para glasear
- sal

PARA EL RELLENO

- 200 g de nueces peladas y picadas finas
- 200 ml de leche
- 150 g de miel
- la ralladura de 1 limón (sin cera)

Para preparar la masa, tamice la harina sobre una superficie de trabajo limpia y forme un volcán con un hueco en el centro. Casque el huevo en su interior y eche el aceite. Remueva poco a poco desde el centro y amase hasta formar una masa fina. Añada un poco de agua templada si fuera necesario. Vierta agua hirviendo en un bol grande, para calentarlo. Séquelo y colóquelo boca abajo sobre la masa, asegurándose de que la cubre bien. Déjela reposar 1 hora.

Mientras, precaliente el horno a 180 °C y forre una bandeja de horno con papel vegetal humedecido. Mezcle las nueces, la miel y la ralladura de limón en un bol.

Extienda la masa hasta formar una lámina de 1 cm de grosor, utilizando muy poca harina. Coloque la lámina sobre un trapo de cocina grande limpio y estire los bordes de la masa con la punta de los dedos, sin romperla, para que el borde sea más fino que el resto. Distribuya el relleno de nueces sobre la masa, sin cubrir los bordes. Enrolle la masa alrededor del relleno con el trapo de cocina, como si fuera un brazo de gitano.

Ponga el strudel en la bandeja, doblándolo para formar una herradura ancha. Úntelo con la mezcla de leche y yema de huevo y hornéelo unos 30 minutos. Retírelo del horno y déjelo reposar 5 minutos. Sírvalo templado o a temperatura ambiente.

Consejo: Para pelar las nueces, escáldelas 1 minuto en agua hirviendo y escúrralas y pélelas antes de que se enfríen.

CROSTATA DI ZUCCA

TARTA DE CALABAZA

FÁCIL

- Preparación: *40 minutos*
- Cocción: *55 minutos-1 hora y 5 minutos*
- Calorías por ración: *369*
- *Para 6 personas*

INGREDIENTES

- mantequilla, para engrasar
- ½ ración de pastaflora (véase pág. 105)
- harina, para espolvorear
- 2 huevos
- 150 g de azúcar moreno
- 500 g de puré de calabaza
- 120 ml de nata espesa
- 1 cda. de jerez
- 1 pizca de canela molida
- 1 pizca de nuez moscada molida
- 1 pizca de jengibre en polvo
- sal
- helado de vainilla, para servir

Precaliente el horno a 180 °C y engrase un molde redondo de 20 cm con mantequilla.

Estire la pastaflora sobre una superficie de trabajo ligeramente enharinada, reservando un poco para decorar. Forme un círculo y utilícelo para forrar la base y los lados del molde. Cubra la base con papel de aluminio, esparza bolitas de cerámica por encima y hornéela 10 minutos. Retírela del horno, deseche el papel de aluminio y las bolitas y hornéela de 5 a 10 minutos más.

Estire la masa reservada y corte trozos en forma de hoja para decorar. Bata los huevos y el azúcar en un bol hasta obtener una mezcla pálida y espumosa. Añada el puré de calabaza, la nata, el jerez, la canela, la nuez moscada, el jengibre y una pizca de sal.

Pase la mezcla al molde de masa, coloque las hojas de masa encima, cubra la tarta con papel aluminio agujereado y hornéela 20 minutos. Retire el papel de aluminio y horneela otros 20 o 25 minutos. Sírvala templada o a temperatura ambiente acompañada de helado de vainilla.

TORTA ARROTOLATA DI UVETTA, ALBICOCCHE E FICHE SECCHI

STRUDEL DE PASA, ALBARICOQUES E HIGOS SECOS

DIFICULTAD MEDIA

- Preparación: *15 minutos + 30 minutos para enfriar*
- Cocción: 25 *minutos*
- Calorías por ración: *474*
- *Para 6 personas*

INGREDIENTES

- 320 g de masa de hojaldre preparada
- harina, para espolvorear
- 100 g de pasas
- 6 orejones
- 4 higos secos
- 40 g de pan rallado
- 30 g de miel
- 25 g de mantequilla a punto de pomada
- 1 huevo batido y 1 yema de huevo
- 50 g de azúcar
- 50 ml de nata espesa
- la ralladura de 1 limón (sin cera)
- 1 yema de huevo
- azúcar glas, para espolvorear

Precaliente el horno a 200 °C y forre una bandeja de horno con papel vegetal. Deje las pasas en remojo en agua templada 20 minutos como mínimo, escúrralas y séquelas sobre papel de cocina.

Para preparar el relleno, corte los albaricoques y los higos en trozos grandes y mézclelos con el pan rallado, las pasas y la miel en un bol. En un bol aparte, mezcle la mantequilla con el huevo batido, el azúcar, la nata y la ralladura de limón y añada la mezcla de fruta. Remueva bien.

Estire la masa de hojaldre sobre una superficie de trabajo ligeramente enharinada hasta obtener un rectángulo de 20 x 25 cm de unos 3 mm de grosor. Extienda el relleno de fruta sobre el borde corto, dejando los extremos sin cubrir. Enrolle la masa y selle bien los bordes. Pinche la masa varias veces con un tenedor. Coloque el strudel en la bandeja preparada y refrigérelo unos 30 minutos, hasta que esté consistente. Píntelo con la yema de huevo y hornéelo 25 minutos. Retírelo del horno, y páselo a una fuente después de unos minutos. Espolvoréelo con azúcar glas y sírvalo.

CROSTATA DI PERE E CIOCCOLATO

TARTA DE PERA Y CHOCOLATE

DIFICULTAD MEDIA

- Preparación: *30 minutos + 1 hora para enfriar*
- Cocción: *45 minutos*
- Calorías por ración: *485*
- *Para 8 personas*

INGREDIENTES

- 225 g de mantequilla, y un poco más para engrasar
- 450 g de harina, y un poco más para espolvorear
- 25 g de cacao en polvo amargo
- 120 g de azúcar
- 1 huevo
- 3-4 galletas amaretti desmenuzadas finas
- 800 g de peras (tipo conferencia), peladas y cortadas en dados
- azúcar glas, para espolvorear

Engrase y enharine un molde bajo de 23 cm. Mezcle la mantequilla, la harina, el cacao en polvo, el azúcar y el huevo en un bol y remueva hasta obtener una masa fina. Déjela reposar en un lugar fresco.

Estire un poco más de la mitad de la masa sobre una superficie de trabajo ligeramente enharinada en forma de círculo, forrar el molde con él y reparta las galletas desmenuzadas y la pera sobre la base.

Extienda la masa restante en otro círculo, colóquelo sobre la tarta y presione los bordes para sellarlos. Cubra el molde con film transparente y refrigérelo 1 hora o hasta que la masa esté consistente.

Precaliente el horno a 190 °C. Retire el film transparente y hornee la tarta de 40 a 45 minutos.

Retírela del horno y deje que se enfríe. Pásela a una fuente y espolvoréela con azúcar glas.

Consejo: Las galletas amaretti se pueden reemplazar por 5 o 6 macarons desmenuzados, combinan muy bien con las peras y el chocolate.

CROSTATA DI PISTACCHI AL CIOCCOLATO AMARO

TARTA DE PISTACHO Y CHOCOLATE

FÁCIL

- Preparación: *30 minutos*
- Cocción: *50 minutos*
- Calorías por ración: *424-636*
- *Para 4-6 personas*

INGREDIENTES

- 3 yemas de huevo
- 4½ cdas. de azúcar
- 35 g de harina
- 80 g de pistachos pelados y picados
- 400 ml de leche, y un poco más para untar
- 1 cda. de ron
- 40 g de chocolate negro, picado muy fino
- 20 g de piel de naranja confitada, picada
- mantequilla, para engrasar
- harina, para espolvorear
- ½ ración de pastaflora (véase pág. 105)

Bata las yemas y el azúcar en una cazuela de fondo grueso hasta obtener una mezcla pálida y esponjosa. Añada la harina y los pistachos. Lleve la leche a ebullición en una cazuela aparte y viértala en un hilo sobre la mezcla de huevo, removiendo constantemente. Cueza la mezcla a fuego lento, sin dejar de remover, hasta que espese lo suficiente como para pegarse al dorso de una cuchara. Retírela del fuego, añada el ron, deje que se enfríe, agregue el chocolate y la piel de naranja confitada y remueva.

Precaliente el horno a 180 °C y engrase y enharine un molde para tartas de 23 cm. Reserve un poco de pastaflora para decorar y estire el resto sobre una superficie de trabajo ligeramente enharinada hasta obtener un círculo. Forre el molde con el círculo de masa y pinche la base con un tenedor. Cubra la base con la mezcla fría de pistacho y chocolate. Corte la masa reservada en tiras y colóquelas encima formando una cuadrícula. Unte la tarta con un poco de leche y hornéela 30 minutos. Retírela del horno, deje que se enfríe y sírvala.

CROSTATA DI RICOTTA GARFAGNINA

TARTA DE RICOTA, PASAS Y MARSALA

FÁCIL

- Preparación: *30 minutos + 30 minutos en remojo*
- Cocción: *1 hora*
- Calorías por ración: *458*
- *Para 6 personas*

INGREDIENTES

- 70 g de pasas
- 4 cucharadas de marsala
- 500 g de ricota
- 100 g de azúcar
- 1 cda. de harina
- 4 huevos, con las claras separadas de las yemas
- 100 ml de nata líquida
- la ralladura de 1 limón (sin cera)
- 1 cdta. de zumo de limón
- ½ ración de pastaflora (véase pág. 105)

Precaliente el horno a 180 o 190 °C y forre un molde redondo de 25 o 28 cm con papel vegetal. Deje las pasas en remojo en el marsala 30 minutos, hasta que se hinchen. Escúrralas y reserve el marsala. Pase la ricota por un colador o bátala con una batidora de mano, mézclela con el azúcar y remueva hasta obtener una pasta homogénea. Incorpore la harina, el marsala reservado, las yemas, la nata y la ralladura de limón.

En un bol aparte, bata las claras a punto de nieve con una cucharadita de zumo de limón. Échelas sobre la mezcla de ricota y remueva.

Estire la pastaflora sobre una superficie de trabajo ligeramente enharinada y reserve un poco para decorar. Forme un círculo con el resto y forre con él la base y los lados del molde. Cubra la base con la mezcla de ricota. Corte la masa reservada en tiras y colóquelas encima formando una cuadrícula. Hornee la tarta 1 hora aproximadamente. Retírela del horno, déjela reposar 5 minutos y sírvala templada.

PANINI DOLCI AL CIOCCOLATO

PANECILLOS DE CHOCOLATE

FÁCIL

- Preparación: *10 minutos*
- Cocción: *35-40 minutos*
- Calorías por unidad: *230*
- *Para 6 unidades*

INGREDIENTES

- 80 g de mantequilla
- 60 g de harina
- 2 huevos
- 40 g de chocolate en polvo
- nata montada, para servir

Ponga 50 g de mantequilla y 150 ml de agua fría en una cazuela y caliéntela a fuego lento hasta que se derrita la mantequilla. A continuación, llévela a ebullición y retírela del fuego. Eche toda la harina inmediatamente en la cazuela y remueva con energía hasta que la mezcla no se pegue en los lados. Deje que se enfríe un poco y añada los huevos, de uno en uno, batiéndolos seguidos del chocolate en polvo.

Con ayuda de 2 cucharillas o una manga pastelera con una boquilla de 1 cm, haga 12 montoncitos, o más, sobre una bandeja de horno. Hornee los panecillos 10 minutos, suba la temperatura a 220 °C y hornéelos 20 minutos más. Retírelos del horno, deje que se enfríen y sírvalos con nata montada.

SPONGATA DI PONTREMOLI

SPONGATA DE PONTREMOLI

FÁCIL

- Preparación: *1 hora + 12 horas para reposar*
- Cocción: *30-35 minutos*
- Calorías por ración: *551*
- *Para 8 personas*

PARA EL RELLENO

- 200 g de miel
- 50 ml de vino blanco
- 60 g de piñones
- 60 g de pasas sultanas
- 100 g de galletas secas desmenuzadas
- 1 cdta. de cacao amargo en polvo

PARA LA MASA

- 300 g de harina
- 100 g de azúcar
- 150 g de mantequilla a punto de pomada
- 3 cdas. de vino blanco
- 1 huevo batido

Para preparar el relleno, caliente la miel y el vino a fuego lento. Cuando la miel esté líquida, añada los piñones, las pasas sultanas, las galletas y el cacao. Mezcle todo bien, páselo a un bol y resérvelo en un lugar frío toda la noche.

Al día siguiente, precaliente el horno a 180 °C. y forre una bandeja de horno con papel vegetal.

Para preparar la masa, mezcle la harina, el azúcar, la mantequilla y el vino hasta obtener una masa fina. Divídala por la mitad. Extienda una mitad en un círculo de ½ cm de grosor aproximadamente y póngalo en la bandeja preparada.

Eche el relleno en el centro de la masa y extiéndalo de manera uniforme, dejando un margen libre de unos 2 cm. Extienda la masa restante en otro círculo del mismo tamaño y colóquelo encima. Selle los bordes pellizcándolos con los dedos. Pinte la superficie con el huevo batido y haga unos agujeritos con el extremo de una cuchara de madera. Hornee la tarta de 30 a 35 minutos. Deje que se enfríe y sírvala.

ÍNDICE

Notas sobre las recetas

La mantequilla siempre es sin sal.

Los huevos y las frutas serán de tamaño mediano, salvo que se indique otra cosa.

La leche siempre es entera, a no ser que se indique otra cosa.

Los tiempos de preparación y cocción son orientativos pudiendo variar en función del horno. Si utiliza un horno de convección, siga las indicaciones del fabricante.

En algunas recetas se utilizan huevos crudos o poco hechos. Los niños, ancianos, mujeres embarazadas, enfermos o las personas con deficiencias del sistema inmunitario deberían evitar tomarlos.

Las cucharadas serán rasas. 1 cdta. = 5 ml; 1 cda. = 15 ml.

Phaidon Press Limited
Regent's Wharf
All Saints Street
Londres N1 9PA

Phaidon Press Inc.
65 Bleecker Street
Nueva York, NY 10014

www.phaidon.com

Primera edición en español 2015

ISBN: 978 07148 7085 4

Escuela de cocina italiana. Postres surge de *Il cucchiaio d'argento estate*, publicado por primera vez en 2005; *Il cucchiaio d'argento cucina regionale*, publicado por primera vez en 2008; *Scuola di cucina Crostate, ciambelle e biscotti*, publicado por primera vez en 2013.

Directora editorial: Emilia Terragni
Editora de proyecto: Michelle Lo
Producción: Mandy Mackie
Diseño de Atlas

Traducido del inglés por Miguel Serrano Larraz y Elena Aranaz para Cillero & de Motta

Fotografías © Phaidon Press: Liz y Max Haarala Hamilton 6, 8, 12, 21, 22, 25, 26, 33, 49, 50, 55, 58, 60, 62, 65, 69 (solo pasos), 70, 80, 82, 85, 87, 90, 93, 94, 97, 101, 117, 121, 122, 125, 125, 129, 130, 134, 146, 150, 153, 154, 157, 158, 165, 166, 170; Edward Park 45, 53, 173; Andy Sewell 89

Fotografías © Editoriale Domus S.p.A. y Cucchiaio d'Argento S.r.l.: Archivio Cucchiaio d'Argento S.r.l. 11, 15, 18, 28, 30, 34, 37, 38, 40, 42, 46, 57, 69 (solo pastel), 73, 74, 77, 78, 98, 104, 106, 109, 110, 113, 114, 118, 133, 137, 138, 141, 144, 149, 158, 161, 162, 169

Printed in Romania / Impreso en Rumanía

Los editores desean expresar su agradecimiento a Carmen Figini, Ellie Smith, Astrid Stavro, Nuria Cabrera, Katie Blinman, Laura Gladwin, Theresa Bebbington, Susan Spaull y Vanessa Bird por su colabolación en este libro.